ANDREAS JENTZSCH · HEINRICH REINERMANN

Eignung des Programmhaushaltes für ein öffentliches Forschungsinstitut

ADMINISTRATIVES MANAGEMENT

Band 2

Eignung des Programmhaushaltes für ein öffentliches Forschungsinstitut

dargestellt am Beispiel des Bundesinstituts
für Berufsbildungsforschung in Berlin

Von

Andreas Jentzsch und Heinrich Reinermann

DUNCKER & HUMBLOT / BERLIN

Gedruckt mit Unterstützung der Deutschen Forschungsgemeinschaft

Alle Rechte vorbehalten
© 1978 Duncker & Humblot, Berlin 41
Gedruckt 1978 bei Berliner Buchdruckerei Union GmbH., Berlin 61
Printed in Germany
ISBN 3 428 04282 4

Vorbemerkung

Die vorliegende Arbeit zur Einführung eines Programmhaushaltes in einem konkreten Forschungsinstitut ist als Beitrag zur Differenzierung und Anwendung von Instrumenten gedacht, die den Leistungsprozeß öffentlicher Institutionen verbessern.

Das Manuskript entstand auf der Basis des Projektberichts über einen Untersuchungsauftrag, den die GFS — Gesellschaft für Systementwicklung mbH & Co. Management KG — im Auftrage des Bundesinstituts für Berufsbildungsforschung in Berlin durchführte. Die Feststellungen zur Empirie und die konkreten Empfehlungen sind weitgehend wörtlich wiedergegeben. Erheblich ergänzt wurde die damalige Arbeit durch Erläuterungen der Schlußfolgerungen hinsichtlich der allgemeinen Verständlichkeit des Untersuchungsgegenstandes, der wissenschaftlichen Begründung der Ergebnisse und der Diskussion des Prozesses der Systemanalyse.

Zum Programmhaushalt wird zunächst nachgewiesen, daß er in einer Vielzahl von Varianten verwendet werden kann. Seine volle Wirksamkeit in der Praxis wird erst gesehen, wenn — neben detailliert beschriebenen Voraussetzungen — komplementär weitere Managementinstrumente verwendet werden. Ein zentraler Aspekt wird in der Abhängigkeit der Programmhaushaltsempfehlung von der Funktion der untersuchten Organisation in der Umwelt gesehen. Diese Funktionsprüfungen sollen Bestandteil der Systemanalyse sein.

Die Autoren diskutieren und befürworten die sogenannte partizipative Systemanalyse als Entscheidungs- und Implementierungshilfe. Von diesem Ansatz her wird auch dargestellt, welche praktischen Konsequenzen die Veränderungsvorschläge der Autoren und zusätzlich von dritter Seite eingebrachte Vorschläge hatten.

Veränderungen sind unter anderem nicht nur durch die praktische Einführung eines institutsspezifischen Programmhaushalts, sondern auch hinsichtlich des organisatorischen Rahmens des Bundesinstituts eingetreten, die im Gesetz über das Bundesinstitut für Berufsbildung enthalten sind. Aus dem Vergleich zwischen Konzeptvorschlägen und der praktischen Entwicklung werden Schlußfolgerungen für das Management und den Analyseprozeß gewonnen. Gerade diese praxisbezogene

Information ist Ziel der Schriftenreihe „*administratives Management*", innerhalb der diese Untersuchung veröffentlicht wird.

Der Deutschen Forschungsgemeinschaft, die den Druck dieses Buches gefördert hat, sei an dieser Stelle gedankt.

Königswinter, im Mai 1978

Andreas Jentzsch
Heinrich Reinermann

Inhaltsverzeichnis

Vorbemerkung 5

I. Kapitel

Auftrag, Auftragsverlauf, Gegenstand, Empfehlungen und weitere Entwicklung

1. Auftragsentstehung und -entwicklung 11
2. Methodischer Standort 14
3. Ist-Ablauf der Untersuchung 17
4. Aufbau und Aufgaben des Bundesinstituts für Berufsbildungsforschung zum Untersuchungszeitpunkt 19
5. Zusammenfassung, Empfehlungen und Folgearbeiten 29

II. Kapitel

Programmhaushalt und andere Managementinstrumente

1. Managementinstrumente und Anforderungen an das Management 33
2. Der Programmhaushalt als Instrument des Management von Verwaltungsinstitutionen 37
   a) Entwicklung und Stand der Diskussion um den Programmhaushalt 37
   b) Der Ansatzpunkt des Programmhaushalts 39
   c) Die Methodik des Programmhaushalts 41
3. Alternativen beim Programmhaushalt und bei anderen Managementinstrumenten 48
   a) Alternative Managementkonzepte 48
   b) Alternativen der Ausgestaltung von Programmhaushalten 49

III. Kapitel

Zur Ausgangssituation der Managemententwicklung im BBF

1. Hinweise zum Feststellungsverfahren 56
2. Funktionen und organisatorische Eingliederung des ehemaligen Bundesinstituts für Berufsbildungsforschung zum Erhebungszeitpunkt ... 57
3. Vorgefundene Instrumente 61

8 Inhaltsverzeichnis

4. Hinweise auf Verbesserungsnotwendigkeiten durch Leitung und Mitarbeiter des BBF 68
   a) Zur Vorgehensweise 68
   b) Bedeutung der Probleme nach Hauptgruppen 70
   c) Die Ergebnisse im einzelnen 72

IV. Kapitel

Eignung des Programmhaushalts und anderer Managementinstrumente für das BBF

1. Erläuterung der Prüfkriterien 81
2. Generelle Voraussetzungen 82
3. Institutionsspezifische Voraussetzungen 84
4. Problemanalytische Befürwortung des Programmhaushalts 85
5. Spezifische Einschränkungen der Programmhaushaltsempfehlung 89
   a) Klärungsbedürftigkeit funktionaler und organisatorischer Voraussetzungen 89
   b) Verbesserungsnotwendigkeit personeller, sachlicher und methodischer Voraussetzungen 93
6. Gesamtbeurteilung 96

V. Kapitel

Empfehlungen der Autoren und weitere Entwicklung

1. Priorität kooperativer Entwicklungsprozesse und organisatorischer Regelungen 97
2. Entwicklung und Erprobung eines Programmhaushaltskonzeptes 98
3. Managementinstrumente auf dem Weg zu einem integrierten Managementsystem 103
4. Weiterer Entwicklungsprozeß 104
5. Entwicklungsergebnisse nach 3 Jahren 108

VI. Kapitel

Methodische und praktische Konsequenzen 112

Literaturverzeichnis 115

Sachregister 121

Hinweise auf die Verfasser 124

Verzeichnis der Abbildungen, Tabellen und Übersichten

Abb. 1:	Phasen des Problemlösungsprozesses in der Systementwicklung	17
Abb. 2:	Organisationsübersicht BBF — Stand 1974	28
Abb. 3:	Untersuchungs-Prüfraster für Managementfunktionen und Managementinstrumente	35
Abb. 4:	Ausschnitt aus einer 4-stufigen Programmstruktur	43
Abb. 5:	Zusammenhänge zwischen Programmstruktur und Organisationsstruktur	45
Abb. 6:	Entwicklung von Programmhaushalts-Alternativen	51
Abb. 7:	Prüfkriterien und Ist-Angaben zu Voraussetzungen des Programmhaushaltes	83
Abb. 8:	Vorgeschlagene Alternative einer Programmhaushalt-Entwicklung für das BBF	99
Tabelle 1:	Personalbestand des BBF 1974	28
Tabelle 2:	Vorgefundene Managementinstrumente zu den Funktionen Zielbildung, Planung, Organisation, Motivation und Personalentwicklung, Kontrolle sowie Information	63
Tabelle 3:	Ergebnis einer Befragung nach Hauptproblembereichen	71
Tabelle 4:	Vergleich der Stellen und Etatansätze des Bundesinstituts 1974 - 1977	110
Übersicht 1:	Wesentliche Rechtsvorschriften zu Aufbau und Aufgaben der Berufsbildungsforschung	19

I. Kapitel

Auftrag, Auftragsverlauf, Gegenstand, Empfehlungen und weitere Entwicklungen

1. Auftragsentstehung und -entwicklung

Die Gestaltung und Steuerung öffentlicher Institutionen beinhaltet nach allgemeiner Auffassung besondere Probleme, die man durch die Entwicklung und den Einsatz geeigneter Instrumente lösen will. Da ein Markt für öffentliche Leistungen häufig fehlt, ergeben sich Gestaltungs- und Steuerungsprozesse nicht selbstverständlich aus der Umweltanpassung. Das Instrumentarium privater Unternehmungen ist zum Teil nicht anwendbar.

Mit dem Programmhaushalt — einer Verknüpfung von zielgerichteten Aufgabenbeschreibungen mit den erforderlichen Finanzmitteln — wird seit Jahrzehnten ein Instrumentarium diskutiert, entwickelt und angewendet, das speziell die Gestaltung und Steuerung öffentlicher Institutionen verbessern soll.

Zum Zeitpunkt des Untersuchungsbeginns — Anfang 1974 — wurden Nutzen und Realisierungsmöglichkeiten des Programmhaushalts national und international besonders intensiv diskutiert. Parallel zu diesen methodischen Diskussionen wurden große materielle Reformprobleme, wie z. B. die Berufsbildung, im politischen Prozeß behandelt.

Durch das Berufsbildungsgesetz vom 14. 8. 1969 wurde ein Institut für Berufsbildungsforschung neu geschaffen, das bis zum Jahresende 1973 auf über 200 Mitarbeiter ausgebaut wurde. Aufbausituation und Aufgabenstellung ließen für dieses Bundesinstitut die Frage nach der Einsatzmöglichkeit des Programmhaushalts besonders aktuell erscheinen. Im Jahre 1974 wurde eine Untersuchung in Auftrag gegeben, die Ausgangspunkt und Gegenstand der vorliegenden Veröffentlichung ist.

Der Auftrag des *Bundesinstituts für Berufsbildungsforschung* (BBF) in Berlin an die GFS — *Gesellschaft für Systementwicklung mbH* (GFS) — entstand aufgrund einer Initiative des *Bundesministers für Bildung und Wissenschaft* (BMBW) im Januar 1974, nachdem Vorklärungen mit beiden Verfassern Ende 1973 vorausgegangen waren.

12   I. Auftrag, Auftragsverlauf, Gegenstand und Empfehlungen

Für das BBF war nach verwaltungsinternen Organisationsuntersuchungen[1] die Einführung eines Programmhaushalts empfohlen worden.

In einer Untersuchung des Bundesrechnungshofes wurde zu fünf Hauptpunkten u. a. festgestellt, daß die Harmonie der vorgesehenen Organe in Gewicht und Zusammenarbeit verbessert werden könnte und die Organisation[2] nicht ausreichend projektorientiert sei. Autonomiebestrebungen der Hauptabteilungen wurden ebenso in Frage gestellt wie eine Überlastung des Instituts mit Auftragstätigkeiten für das BMBW. Zur Instrumentierung des Forschungsmanagement, zum Durchführungsprozeß der Forschung, zur Arbeit der zentralen Hilfsabteilungen und zur Haushalts- und Personalwirtschaft wurden Verbesserungshinweise gegeben.

Die GFS bot nach ersten Vorbesprechungen und Unterlagenstudien zunächst an, im Rahmen einer partizipativen Systemanalyse und Systementwicklung Organisation und Instrumente des BBF dahingehend zu verbessern, daß nach etwa zehnmonatiger Arbeit eine selbständige Aufstellung des Programmhaushalts durch das Institut möglich sein sollte.

Die Auftragsvorverhandlungen mit dem BMBW führten dann im März 1974 zu veränderten Zielvorstellungen: Es sollte zunächst geklärt werden, inwieweit das Instrument des Programmhaushalts geeignet ist, das Rechnungswesen und die Abwicklung des Forschungsprogramms besser zu überwachen. Danach sollten im weiteren Untersuchungsverlauf an konkreten Beispielen die Techniken aufgezeigt werden, durch welche die Nutzung eines speziell vorzuschlagenden Systems des Programmhaushalts für das BBF möglich würden. Hierbei sollte dann auf Probleme der Erfolgskontrolle der einzelnen Projekte und Programme und auf die Verknüpfung der Erfolgskontrollen mit der neuen Planung abgestellt werden.

Diese Überlegungen wurden Gegenstand des Ende April 1974 unterzeichneten Vertrages, der ein „Grundlagenprojekt" als festen und ein „Entwicklungsprojekt" als möglichen Auftragsteil enthielt.

Das am 2. Mai 1974 offiziell beginnende Grundlagenprojekt sollte bereits am 31. Mai 1974 mit der Vorlage eines Berichtes abgeschlossen werden und war von uns mit einem Arbeitsumfang von 22 Manntagen kalkuliert. Diese Festlegungen werden hier nur deshalb genannt, um deutlich zu machen, daß es in dem „Grundlagenprojekt" nur um erste Feststellungen über den IST-Zustand des Instituts, eine Erläuterung

---

[1] Es handelt sich um eine mehrmonatige Untersuchung des Bundesrechnungshofes unter Aktenzeichen V 1 - 31302 (1970 - 1972).

[2] Vgl. hierzu die Erläuterungen zum Aufbau des Instituts in Kapitel I, 4. der vorliegenden Untersuchung.

I. Auftrag, Auftragsverlauf, Gegenstand und Empfehlungen

der Alternativen des Programmhaushalts sowie ihrer Vor- und Nachteile gehen konnte.

Die planmäßige Fertigstellung jenes Berichts war letztlich nur möglich, weil alle angesprochenen Mitarbeiter des BBF aktiv an der Untersuchung mitwirkten. Nach einer abschließenden Aussprache gewannen die Autoren den Eindruck, daß hinsichtlich der Inhalte und Schlußfolgerungen des Berichts eine Übereinstimmung mit dem Auftraggeber erzielt worden war[3].

Da die Empfehlungen dieses Berichtes sich nicht voll mit dem ursprünglichen Plan für das Entwicklungsprojekt in Einklang bringen ließen, wurden wir vom BMBW und vom BBF zu weiteren Durchführungsvorschlägen aufgefordert, die einvernehmlich erörtert und mit einem Vertragsentwurf im August 1974 abgeschlossen wurden.

Zu einer Unterzeichnung dieses Vertrages kam es jedoch nicht, vielmehr schaltete das Bundesministerium für Bildung und Wissenschaft die Projektgruppe für Regierungs- und Verwaltungsreform (PRVR) ein, die eine „Organisationsentwicklung" einleiten sollte[4]. Der Abschlußbericht der Projektgruppe Regierungs- und Verwaltungsreform geht von der von uns entwickelten Mängelanalyse[5] aus und schildert den auch von uns verfolgten partizipatorischen Ansatz mit einer Reihe aufgetretener Schwierigkeiten. Diese Organisationsentwicklung bestätigte zunächst bis Ende 1975 die Untersuchungsergebnisse und Empfehlungen der Autoren voll.

Die Arbeit der Autoren vor Ort endete mit dem Grundlagenprojekt, in dem vertraglich vorgesehen war, daß die grundsätzlichen Feststellungen zur Eignung des Programmhaushalts durch eine Veröffentlichung zur Diskussion gestellt werden könnten. Neben der Wiedergabe der inhaltlichen Untersuchungsergebnisse schien den Autoren eine Veröffentlichung besonders deshalb wichtig, weil durch die Beschreibung des Untersuchungsprozesses auch empirisches Material zum Verlauf sogenannter partizipativer Systemanalysen geliefert wird, die in der Fachwelt lange Zeit als optimale und aufgeklärte Methoden zur Lösung komplexer Systemprobleme angeboten worden sind, die in der

---
[3] Vgl. den dem Auftraggeber vorgelegten Bericht BBF 01 — GFS 74, Nr. 60 001 vom 30. 5. 1974.
[4] Vgl. Projektgruppe Regierungs- und Verwaltungsreform beim Bundesministerium des Innern, Schlußbericht über die Untersuchung im Bundesinstitut für Berufsbildungsforschung, Bonn 1975, freigegebenes Manuskript. „... war die Untersuchung darauf gerichtet, auf der Grundlage einer bereits vorliegenden Mängelanalyse auf eine praktische Veränderung der Institutionsverhältnisse hinzuwirken", PRVR-Bericht, S. 2.
[5] „Dabei wurde davon ausgegangen, daß eine Mängelanalyse durch ... das Gutachten der Gesellschaft für Systementwicklung in ausreichender Form vorlag." PRVR-Bericht, S. 2.

Praxis jedoch auf große Durchführungsprobleme stoßen, obwohl sie in ihrem Ansatz adäquat sind.

2. Methodischer Standort

Normativ angelegte Untersuchungen sozialer Systeme — hierunter werden allgemein alle Institutionen oder Einheiten verstanden, in denen Menschen tätig sind — erfolgen mit dem Ziel, Beiträge zur Verbesserung ihrer Steuerung und Gestaltung zu gewinnen. Hierzu sind verschiedene Konzepte anwendbar.

Diese Konzepte werden regelmäßig unter den Kurzbezeichnungen „Organisationsuntersuchung", „Organisationsprüfung" und „Systemanalyse" behandelt.

Sie unterscheiden sich vor allem durch die Ziele und die Verfahren der Ergebnisgewinnung. Sieht man davon ab, daß nicht selten die methodische Basis von Veränderungsvorschlägen völlig offen bleibt, so sind vor allem zwei Grenzfälle des Vorgehens möglich: Einmal die sogenannte „instrumentelle Systemanalyse"[6], nach der artikulierten Problemen von Experten ohne nennenswerte Beteiligung der Mitglieder des untersuchten Systems Verbesserungsvorschläge zugeordnet werden, die dann vom Auftraggeber umzusetzen sind und deren Einhaltung von ihm zu kontrollieren ist. Anderseits gibt es die „problemorientierte Systemanalyse"[7], bei der die Frage, welche Probleme eigentlich Ursache der anzustrebenden Veränderungen sind, selbst ein wichtiger Untersuchungsschritt ist. Für diese Art der Analysen ist eine engere Verzahnung zwischen externem und internem Sachverstand erforderlich. Sie wird unumgänglich, wenn eine Problemstellung so komplex ist, daß man sie nur mit großen Nachteilen einem Experten als extern zu lösende „Hausaufgabe" mitgeben könnte. Ginge man nämlich tatsächlich so vor, so müßte die Folge sein, daß die notwendigen Interpretationen von Zielen, Restriktionen und Handlungsmöglichkeiten im Problemfeld vom Experten selbst vorgenommen würden — eine Problemlösungsvariante, die man als „technokratisch" bezeichnet[8] und die zur „Lösung" von Pseudo-Problemen, eben Problemen aus der Sicht des Experten führen kann. Anderseits ist auch eine Problemdefinition allein durch die Entscheidungsgremien des untersuch-

---

[6] Vgl. zur Unterscheidung verschiedener Arten von Systemanalysen Helmut Krauch, Wege und Aufgaben der Systemforschung, in: Helmut Krauch (Hrsg.), Systemanalyse in Regierung und Verwaltung, Freiburg 1972.

[7] Vgl. hierzu Andreas Jentzsch, Systemanalyse im Regierungsbereich und Reorganisation von Regierung und Verwaltung, in: Helmut Krauch (Hrsg.), a.a.O., S. 49 ff., hier S. 53 f.

[8] Vgl. zum Beispiel Thomas Ellwein, Politik und Planung, Stuttgart, Berlin, Köln, Mainz 1968, S. 64 ff.

ten Systems bei komplexen Aufgabenstellungen nicht ratsam, denn dies unterstellt eine durch die Tatsachen zumeist nicht gerechtfertigte Trennbarkeit von Zielsetzung und Lösungsempfehlung — eine Problemlösungsvariante, die „dezisionistisch" genannt wird[9] und nur verminderte Chancen für die effektive Nutzung externen Sachverstands bietet. Als Konsequenz aus beiden Ansätzen ergibt sich, daß für komplexe Systementwicklungsaufgaben eine Problemlösungsstrategie wirkungsvoller ist, die internen und externen Sachverstand in organisierten argumentativen Prozessen der Problemformulierung und -lösung zu verbinden sucht. Diese „problemorientierte Systemanalyse" wird in der Literatur auch als maieutische Systemanalyse[10], pragmatisches Modell[11], partizipative Systemforschung[12], Organisationsentwicklung[13] und anders bezeichnet.

Die Autoren dieser Studie haben in ihren Projektvorschlägen für die Anwendung der problemorientierten Systemanalyse plädiert, da gerade die Beantwortung der Frage nach den Ursachen der zum Auftrag führenden Probleme Hinweise auf die Eignung des Programmhaushaltes und anderer Instrumente versprach. Es war abzusehen, daß eine Programmhaushaltsempfehlung in der für das BBF vorliegenden Form nur gegeben werden kann, wenn man der Meinung ist, daß die das BBF betreffenden Fragestellungen nach Art extern zu lösender „Hausaufgaben" bearbeitet werden können. Schon die Durchsicht der uns verfügbar gemachten Unterlagen schien uns aber diese Hypothese nicht zu bestätigen.

Auch innerhalb des partizipativen Modells sind Differenzierungen dadurch möglich, daß die Beteiligung externer Experten am Problemlösungsprozeß unterschiedlicher Art ist. Während in der einen extremen Position die Experten primär die Veränderungen allein erarbeiten und auch herbeiführen, wird es in einer anderen extremen Position allein für vertretbar gehalten, daß die Experten eine Moderationsfunktion wahrnehmen.

---

[9] Vgl. ebenda.
[10] Helmut Krauch, Wege und Aufgaben der Systemforschung, in: Schriftenreihe der Arbeitsgemeinschaft für Rationalisierung des Landes Nordrhein-Westfalen, Heft 106, 1969.
[11] Jürgen Habermas, Verwissenschaftlichte Politik in demokratischer Gesellschaft, Bericht Nr. 27 der Studiengruppe für Systemforschung, Heidelberg 1963.
[12] Horst Rittel, Bemerkungen zur Systemforschung der „Ersten und Zweiten Generation", in: Mitteilungen der Studiengruppe für Systemforschung, Heidelberg, Oktober 1971.
[13] Vgl. Dieter Gebert u. a., Organisationsentwicklung. Probleme des geplanten organisatorischen Wandels. Stuttgart 1974; Helmut Klages, Rolf W. Schmidt, Methodik der Organisationsänderung, Baden-Baden 1978 sowie die dort angegebene Literatur.

Diesbezüglich nehmen die Autoren eine mittlere Position ein, die sie auch bei der Auftragsabwicklung anwandten. Einerseits wurde die ständige Mitwirkung des Auftraggebers und der Mitglieder des untersuchten Systems als Erfolgsvoraussetzung gefordert (partizipatorischer Ansatz). Andererseits wurde über die Wahrnehmung der Moderatorrolle hinaus die Expertenrolle in der Vermittlung von Konzeptvorstellungen und in der vergleichenden Beurteilung insoweit übernommen, wie dies vom Auftraggeber akzeptiert wurde.

Die Mitwirkung des Auftraggebers beim Zustandekommen der Untersuchungsergebnisse äußert sich bei den partizipativen Verfahren in der Bildung einer oder mehrerer Arbeitsgruppen, die für die Dauer der Untersuchung den eigentlichen Erkenntnis- und Veränderungsprozeß tragen.

Genau das gleiche Konzept wurde später von der Projektgruppe Regierungs- und Verwaltungsreform verfolgt, die zu ihrem eigenen Team eine „Begleitgruppe" aus Vertretern der Projektgruppe und ihren Auftraggebern installierte und eine weitestgehende Beteiligung der Institutsangehörigen versuchte. Unter Verwendung verständlicher Methoden sollten Lösungen im Rahmen des Machbaren erarbeitet werden[14].

Für den erfolgreichen Ablauf von Problemerkennungsprozessen und Systemanalysen sind verschiedentlich Phasengliederungen aufgestellt worden. Um deutlich zu machen, welche Schritte idealtypisch vollzogen werden sollten, wird nachfolgend eine Gliederung wiedergegeben[15]. Diese Schrittfolge ist nicht notwendig als eine zeitliche Abfolge zu verstehen, da zyklisch wiederholte Abläufe mehrerer Phasen möglich sind. Dies zeigte sich auch in der hier beschriebenen Untersuchung. Es handelt sich vielmehr um analytisch unterscheidbare Tätigkeitsschwerpunkte.

---

[14] Vgl. PRVR-Bericht.
[15] Vgl. hierzu Heinrich Reinermann, Interessenkonflikte bei der Systemplanung — Zu einigen Akzeptanz- und Verträglichkeitsproblemen des geplanten Wandels, in: Zeitschrift für Organisation, Heft 1, 1978, S. 15 - 25.

I. Auftrag, Auftragsverlauf, Gegenstand und Empfehlungen

Abb. 1: **Phasen des Problemlösungsprozesses in der Systementwicklung**

A. System-Planung (Systemanalyse)
1. Problemermittlung
2. Bildung von Arbeitsgruppen
3. Auftragsbeschreibung (Problemsymptome)
4. Bildung von Erklärungs- und Prognosemodellen (Problemhypothese)
5. Modelltest (Validierung) und Modellexperimente
6. Erneute Strategiediskussion mit Auftraggeber (zu lösendes Problem)
7. Erarbeiten alternativer Detail-Systementwürfe
8. Alternativenbewertung
9. Präferenzordnung der Alternativen durch die Analytiker
10. Auswahlentscheidung durch die für Veränderungen Zuständigen

B. System-Realisation
1. Organisation von Zuständigkeiten und Abläufen
2. Personaleinsatz, -ausbildung und -führung
3. Implementation (Umsetzung des neuen Systemplans — bei EDV-Problemlösungen einschließlich Programmerstellung, -übersetzung, -test, Schulung, Hardware-Installation usw.)

C. System-Kontrolle
1. Überprüfen des Einhaltens geänderter Funktionen und Strukturen
2. Erfassen der Systemzustände (Systemverhalten)
3. Vergleich mit den Erwartungen und eventuell Rückkoppelung zu A. und B.

3. IST-Ablauf der Untersuchung

Aus der Entwicklungsbeschreibung des Auftrages geht hervor, daß vom Auftraggeber eine zweiteilige Untersuchung der Art gewünscht war, daß zunächst eine Prüfung des einzuschlagenden Weges und der als zentral erachteten Instrumente stattfinden sollte. Das eigentliche „Entwicklungsprojekt" sollte später folgen.

In dieser Situation war es erforderlich, den Gesamtanalysenprozeß entsprechend Abbildung 1 systematisch zu durchlaufen, um ein Urteil über die Richtigkeit des eingeschlagenen Weges gewinnen zu können. Dies war im Rahmen der bestehenden zeitlichen Begrenzungen nur relativ abstrakt möglich. Andererseits wurde angestrebt, im Rahmen des Gesamtlösungsprozesses die ersten Phasen der Untersuchung detaillierter durchzuführen. Hier sind wir mit konkreten Einzelüberlegungen im Jahre 1974 bis zur erneuten Strategiediskussion mit dem Auftraggeber vorangekommen, während die PRVR und die nachfolgend intern tätige Gruppe bezüglich des Programmhaushalts die Phase der

Systemrealisation und hinsichtlich der Organisation in Teilbereichen das Ende der Systemplanungsphase erreichten.

Im einzelnen sind wir so vorgegangen, daß wir die *Problemermittlung* und *Auftragsbeschreibung* bereits im Rahmen der langwierigen Vorverhandlungen begannen. Die *Bildung von Arbeitsgruppen* führten wir in der Form durch, daß wir eine Gruppe leitender und eine Gruppe forschender Mitarbeiter (vorgeschlagen von den leitenden Mitarbeitern) einschalteten, um die ebenenspezifischen Problemartikulationen erkennen zu können.

In der Kürze der uns zur Verfügung stehenden Zeit wandten wir zur Bestandaufnahme und Ergebnisprüfung die Interviewtechnik, die Unterlagenanalyse und Gruppenarbeitsverfahren an, die unter den Namen „Problemanalyse" und „Brain storming" bekannt sind. Diese Verfahren gestatteten es, Feststellungen zu IST- und SOLL-Konzepten in einem Prozeß zu gewinnen. Bei diesem Vorgehen war zwischen dem Auftraggeber und den Autoren unbestritten, daß bei einer anderen Auftragssituation differenziertere Erhebungs- und Entwicklungstechniken vorzuziehen wären. Andererseits glauben wir — bestätigt durch die uns gegenüber ausgesprochenen Zustimmungen seitens des BBF und des BMBW —, daß wir unter den gegebenen Umständen einen optimalen Weg beschritten haben.

Erklärungs- und *Prognosemodelle* entwickelten wir aus den Problemanalysen, Interviewergebnissen und Dokumentationsmaterialien. Den *Modelltest* und die *Strategiediskussion* vollzogen wir in Form der Erörterung der von uns vorgelegten Zwischenergebnisse.

Alle anderen Stufen der Analyse, wie die Erarbeitung von Alternativen, die kursorische Erörterung von Auswahlentscheidungen, Organisations-, Personal- und Implementierungsfragen bearbeiteten wir insoweit, als wir die leitenden Mitarbeiter hinsichtlich der Zweckmäßigkeit, der Voraussetzungen und der Durchsetzbarkeit einzelner Verbesserungsalternativen befragten.

Schließlich haben wir mit der Dokumentation artikulierter Probleme und als angewandt behaupteter bzw. nachgewiesener Managementinstrumente die Möglichkeiten einer späteren Systemkontrolle insoweit eröffnet, als diesen Feststellungen und Erwartungen ein später erreichter Zustand gegenüber gestellt werden kann.

Aus unseren Empfehlungen im Abschlußbericht und aus unseren weiterführenden Angeboten ergibt sich, daß bei der weiteren Gestaltung des Problemlösungsprozesses so vorgegangen werden sollte, daß die z. B. in der vorstehenden Abbildung 1 geforderten Schritte einer erfolgversprechenden Systementwicklung explizite eingehalten werden können.

I. Auftrag, Auftragsverlauf, Gegenstand und Empfehlungen

Diesen Anspruch hat die PRVR in ihren Plänen und Empfehlungen tendenziell beibehalten. Nach dem vorliegenden Abschlußbericht wurden in den Jahren 1974 die von uns detailliert abgewickelten Phasen partiell wiederholt, die Realisation erster Veränderungen betreut und neue künftige Konzepte vorgelegt. Mit dem Ende des Auftrages der Projektgruppe Regierungs- und Verwaltungsreform Ende 1975 befindet sich die „Organisationsentwicklung" in der Phase der Systemrealisation. Zum Teil sind aber gerade die organisatorischen Rahmenbedingungen explizit als eine Aufgabenstellung festgelegt worden, die demnach wieder der Phase der Systemplanung zuzurechnen ist. Es sind dies Fragen der übergeordneten organisatorischen Regelung innerhalb des neuen Bundesinstituts für Berufsbildung.

4. Aufbau und Aufgaben des Bundesinstituts für Berufsbildungsforschung zum Untersuchungszeitpunkt

Der Gesetzgeber hat erstmals 1969 im fünften Teil des Berufsbildungsgesetzes (BBiG) Existenz, Aufgaben und Organisation des Bundesinstituts für Berufsbildungsforschung geregelt. Später sind Organisationsänderungen durch einen Kanzlererlaß eingetreten. Schließlich sind im Rahmen des Ausbildungsplatzförderungsgesetzes (Gesetz zur Förderung des Angebots an Ausbildungsplätzen in der Berufsausbildung) wesentliche Veränderungen im organisatorischen Rahmen der Berufsbildungsforschung vorgenommen worden. Die wesentlichsten Rechtsvorschriften sind in Übersicht 1 wiedergegeben. Die Veränderungen ergeben sich aus einer Gegenüberstellung der §§ 60, 61 mit 33, 14; 62 mit 15; 63, 64 mit 16, 17; 65 mit 18; 66 mit 19; 67 mit 23; 68 mit 21, 22; 69 mit 24; 70 mit 25 (§§ des Berufsbildungsgesetzes von 1969 zuerst genannt).

Übersicht 1
Wesentliche Rechtsvorschriften zu Aufbau und Aufgaben der Berufsbildungsförderung

Berufsbildungsgesetz
Vom 14. August 1969

§ 60
Bundesinstitut für Berufsbildungsforschung

(1) Für die Berufsbildungsforschung wird ein Institut als bundesunmittelbare Körperschaft des öffentlichen Rechts errichtet.
(2) Das Institut hat durch Forschung die Berufsbildung zu fördern. Seine Aufgabe ist es insbesondere,

1. die Grundlagen der Berufsbildung zu klären,
2. Inhalte und Ziele der Berufsbildung zu ermitteln,
3. die Anpassung der Berufsbildung an die technische, wirtschaftliche und gesellschaftliche Entwicklung vorzubereiten.

(3) Das Institut hat die Gegebenheiten und Erfordernisse der Berufsbildung ständig zu beobachten, zu untersuchen und auszuwerten. Die Forschungsergebnisse und sonstige

einschlägige Unterlagen sind zu sammeln. Die wesentlichen Ergebnisse der Berufsbildungsforschung sind zu veröffentlichen.

(4) Im Rahmen der Aufgaben nach Absatz 2 soll das Institut auch den berufsbildenden Fernunterricht untersuchen und Vorschläge für seine Weiterentwicklung und Ausgestaltung machen. Berufsbildende Fernunterrichtslehrgänge sind auf Antrag der Fernunterrichtsinstitute darauf zu überprüfen, ob sie nach Inhalt, Umfang und Ziel sowie nach pädagogischer und fachlicher Betreuung der Lehrgangsteilnehmer, den Vertragsbedingungen und der für den Fernunterrichtslehrgang betriebenen Werbung mit den Zielen der beruflichen Bildung im Sinne dieses Gesetzes übereinstimmen und für das Erreichen des Lehrgangsabschlusses geeignet sind. Das Ergebnis der Überprüfung kann bestätigt werden; die Bestätigung ist zu widerrufen, wenn ihre Voraussetzungen nicht mehr vorliegen. Der Widerruf ist bekanntzumachen. Der Hauptausschuß erläßt Richtlinien für die Überprüfung.

(5) Das Institut soll mit anderen Einrichtungen und Stellen, die Forschung auf dem Gebiete der Berufsbildung betreiben, mit den Einrichtungen der Arbeitsmarkt- und Berufsforschung, der allgemeinen Bildungsforschung sowie der wirtschaftswissenschaftlichen, technischen und sozialwissenschaftlichen Forschung eng zusammenarbeiten.

§ 61
Mitgliedschaft

Mitglieder des Instituts sind der Bundesverband der Deutschen Industrie, die Bundesvereinigung der Deutschen Arbeitgeberverbände, die Bundesvereinigung der Fachverbände des Deutschen Handwerks, die Deutsche Angestelltengewerkschaft, der Deutsche Gewerkschaftsbund, der Deutsche Handwerkskammertag, der Deutsche Industrie- und Handelstag und der Bund, vertreten durch den Bundesminister für Wirtschaft und den Bundesminister für Arbeit und Sozialordnung.

§ 62
Organe

Die Organe des Instituts sind
1. der Hauptausschuß,
2. der Präsident.

§ 63
Hauptausschuß

(1) Der Hauptausschuß besteht aus den Vertretern der Mitglieder. Der Bundesverband der Deutschen Industrie, die Bundesvereinigung der Deutschen Arbeitgeberverbände, die Bundesvereinigung der Fachverbände des Deutschen Handwerks, die Deutsche Angestelltengewerkschaft, der Deutsche Handwerkskammertag und der Deutsche Industrie- und Handelstag entsenden je einen Vertreter, der Deutsche Gewerkschaftsbund vier Vertreter und der Bund zwei Vertreter in den Hauptausschuß.

(2) Der Hauptausschuß wählt aus seiner Mitte für die Dauer eines Jahres einen Vorsitzenden und dessen Stellvertreter.

(3) Die Tätigkeit im Hauptausschuß ist ehrenamtlich.

(4) Der Hauptausschuß wird von dem Vorsitzenden einberufen. Er ist einzuberufen, wenn es ein Viertel der Vertreter der Mitglieder verlangt.

(5) Der Hauptausschuß ist beschlußfähig, wenn zwei Drittel der Vertreter der Mitglieder anwesend sind. Beschlüsse über das Forschungsprogramm, den Haushaltsplan, die Satzung und ihre Änderungen bedürfen einer Mehrheit von drei Vierteln der anwesenden Vertreter der Mitglieder. Beschlüsse nach Satz 2 sind nur wirksam, wenn der Gegenstand bei der Einberufung des Hauptausschusses mitgeteilt worden ist.

§ 64
Aufgaben des Hauptausschusses

(1) Der Hauptausschuß hat über alle Angelegenheiten des Instituts zu beschließen, soweit sie nicht vom Präsidenten wahrzunehmen sind. Er hat insbesondere den Haushalt, vorbehaltlich der Beschlüsse über den Bundeshaushalt, und das Forschungsprogramm zu beschließen.

(2) Das Forschungsprogramm bedarf der Genehmigung der Bundesminister für Arbeit und Sozialordnung und für Wirtschaft.

§ 65
Präsident

(1) Der Präsident hat das Forschungsprogramm durchzuführen und das Institut zu verwalten. Er vertritt das Institut gerichtlich und außergerichtlich. Soweit eine Vertretung durch den Präsidenten nicht möglich ist, wird es durch den Vorsitzenden des Hauptausschusses vertreten.

(2) Der Präsident übt seine Tätigkeit hauptberuflich aus. Er wird vom Hauptausschuß vorgeschlagen und von den Bundesministern für Wirtschaft und für Arbeit und Sozialordnung bestellt.

§ 66
Fachausschüsse

Der Präsident kann sich nach näherer Bestimmung der Satzung bei der Durchführung des Forschungsprogramms einzelner Fachausschüsse bedienen. Den Fachausschüssen sollen sachverständige Vertreter der betroffenen Fachverbände und der Gewerkschaften in gleicher Zahl sowie der Lehrer an berufsbildenden Schulen angehören.

§ 67
Satzung

(1) Der Hauptausschuß beschließt die Satzung, die der Genehmigung der Bundesminister für Arbeit und Sozialordnung und für Wirtschaft bedarf. Wird die Genehmigung der Satzung versagt, so hat der Hauptausschuß in der von den Bundesministern für Arbeit und Sozialordnung und für Wirtschaft gesetzten Frist eine neue Satzung zu beschließen. Kommt kein Beschluß zustande oder wird auch die neue Satzung nicht genehmigt, so können die Bundesminister für Arbeit und Sozialordnung und für Wirtschaft die Satzung erlassen. Für Änderungen der Satzung gelten die Sätze 1 bis 3 entsprechend.

(2) Die Satzung muß Bestimmungen enthalten über
1. den Sitz des Instituts,
2. die Aufgaben des Hauptausschusses und die Art seiner Beschlußfassung,
3. die Wahl des Präsidenten, seine Aufgaben sowie seine Entlastung,
4. die Einberufung des Hauptausschusses,
5. die Bildung von Fachausschüssen,
6. die Aufstellung des Haushaltsplans,
7. die Änderung der Satzung,
8. die Art der Bekanntmachungen des Instituts.

§ 68
Finanzierung, Haushalts- und Wirtschaftsführung

(1) Das Institut erhebt keine Mitgliederbeiträge.

(2) Zur Errichtung des Instituts und zur Durchführung der Aufgaben des Instituts stellt der Bund Mittel im Rahmen seines Haushaltsplans zur Verfügung. Die Höhe der Zuschüsse regelt das Haushaltsgesetz.

(3) Das Institut hat den Haushaltsplan rechtzeitig vor Einreichung der Voranschläge zum Bundeshaushalt den Bundesministern für Wirtschaft und für Arbeit und Sozialordnung zur Genehmigung vorzulegen. Die

Entscheidung erstreckt sich auch auf die Zweckmäßigkeit der Ansätze. Die Genehmigung ist auch für über- und außerplanmäßige Ausgaben erforderlich.

(4) Auf die Aufstellung und Ausführung des Haushaltsplans, die Zahlungen, die Buchführung, die Rechnungslegung und die Rechnungsprüfung des Instituts sind die für den Bund jeweils geltenden Vorschriften anzuwenden.

§ 69
Personal

(1) Die Aufgaben des Instituts werden von Beamten wahrgenommen und von Dienstkräften, die als Angestellte oder Arbeiter beschäftigt sind. Das Institut ist Dienstherr im Sinne des § 121 des Beamtenrechtsrahmengesetzes. Die Beamten des Instituts sind mittelbare Bundesbeamte.

(2) Die Bundesminister für Arbeit und Sozialordnung und für Wirtschaft ernennen die Beamten des Instituts. Sie können ihre Befugnisse auf den Präsidenten übertragen.

(3) Oberste Dienstbehörde für die Beamten des Instituts sind die Bundesminister für Arbeit und Sozialordnung und für Wirtschaft. Sie können ihre Befugnisse auf den Präsidenten übertragen. § 187 Abs. 1 des Bundesbeamtengesetzes und § 129 Abs. 1 der Bundesdisziplinarordnung bleiben unberührt.

(4) Auf die Angestellten und Arbeiter des Instituts sind die für Arbeitnehmer des Bundes geltenden tarifrechtlichen Regelungen anzuwenden; Ausnahmen bedürfen der Genehmigung der Bundesminister für Arbeit und Sozialordnung und für Wirtschaft. Arbeitsverträge mit Angestellten des Instituts, die eine Vergütung nach der Vergütungsgruppe II b der Vergütungsordnung zum Bundes-Angestelltentarifvertrag oder eine höhere Vergütung erhalten sollen, bedürfen der Zustimmung der Bundesminister für Arbeit und Sozialordnung und für Wirtschaft.

§ 70
Aufsicht

Die Bundesminister für Wirtschaft und für Arbeit und Sozialordnung führen die Aufsicht über das Institut. Die Aufsichtsbehörde ist befugt, alle Anordnungen zu treffen, um die Tätigkeit des Instituts mit Gesetz und Satzung in Einklang zu halten.

§ 71
Anhörung

Beauftragte der beteiligten Bundesministerien sind berechtigt, an den Sitzungen des Hauptausschusses und der Fachausschüsse des Instituts teilzunehmen. Sie sind jederzeit zu hören. Beauftragte der beteiligten Landesministerien können zu den Sitzungen des Hauptausschusses und der Fachausschüsse hinzugezogen werden.

**Gesetz
zur Förderung des Angebots an Ausbildungsplätzen
in der Berufsausbildung
(Ausbildungsplatzförderungsgesetz)**

Vom 7. September 1976

§ 14
Errichtung, Aufgaben

(1) Zur Durchführung von Aufgaben der Berufsbildung wird ein bundesunmittelbares rechtsfähiges Bundesinstitut für Berufsbildung errichtet.

(2) Das Bundesinstitut für Berufsbildung hat im Rahmen der Bildungspolitik der Bundesregierung die folgenden Aufgaben:

1. nach Weisung des zuständigen Bundesministers

   a) an der Vorbereitung von Ausbildungsordnungen und sonstigen Rechtsverordnungen, die nach diesem Gesetz, dem Berufsbildungsgesetz oder dem Zweiten Teil der Handwerksordnung zu erlassen sind, mitzuwirken,

b) an der Vorbereitung des Berufsbildungsberichts (§ 5) mitzuwirken,

c) an der Durchführung der Berufsbildungsstatistik nach Maßgabe des § 6 mitzuwirken,

d) die Berufsausbildungsfinanzierung nach Maßgabe der §§ 1 bis 4 durchzuführen;

2. nach allgemeinen Verwaltungsvorschriften des zuständigen Bundesministers die Planung, Errichtung und Weiterentwicklung überbetrieblicher Berufsbildungsstätten zu unterstützen,

3. die Bundesregierung in grundsätzlichen Fragen der beruflichen Bildung zu beraten,

4. die Berufsbildungsforschung nach dem Forschungsprogramm durchzuführen, Modellversuche zu betreuen und die Bildungstechnologie zu fördern; das Forschungsprogramm bedarf der Genehmigung des zuständigen Bundesministers,

5. das Verzeichnis der anerkannten Ausbildungsberufe zu führen und jährlich zu veröffentlichen,

6. a) nach § 19 Abs. 2 Satz 2 des Fernunterrichtsschutzgesetzes berufsbildende Fernlehrgänge zu prüfen und vor der Zulassung dieser Fernlehrgänge nach § 19 Abs. 2 Satz 3 des Fernunterrichtsschutzgesetzes Stellung zu nehmen, sofern das Landesrecht nach diesen Vorschriften eine Entscheidung im Benehmen mit dem Bundesinstitut für Berufsbildung vorsieht,

b) Fernlehrgänge nach § 15 Abs. 1 des Fernunterrichtsschutzgesetzes als geeignet anzuerkennen,

c) im Wege der Amtshilfe berufsbildende Fernlehrgänge, die nicht unter das Fernunterrichtsschutzgesetz fallen, zu überprüfen,

d) durch Forschung und Förderung von Entwicklungsvorhaben zur Verbesserung und Ausbau des berufsbildenden Fernunterrichts beizutragen und Dokumentationen zum berufsbildenden Fernunterricht zu erstellen und zu veröffentlichen,

e) Veranstalter bei der Entwicklung und Durchführung berufsbildender Fernlehrgänge zu beraten und Auskünfte über berufsbildende Fernlehrgänge im Rahmen der Aufgaben nach den Buchstaben a und b zu erteilen;

der Hauptausschuß erläßt die Richtlinien für die Wahrnehmung der Aufgaben nach den Buchstaben a bis c; die Richtlinien bedürfen der Genehmigung des zuständigen Bundesministers.

(3) Der zuständige Bundesminister kann dem Bundesinstitut für Berufsbildung durch Rechtsverordnung weitere Aufgaben übertragen, die im Zusammenhang mit den nach Absatz 2 genannten Aufgaben stehen; dabei hat er nach Maßgabe der nach Absatz 2 vorgenommenen Zuordnung zu bestimmen, daß die Aufgaben nach Weisungen, nach allgemeinen Verwaltungsvorschriften oder als eigene Angelegenheiten durchzuführen sind.

§ 15

Organe

Die Organe des Bundesinstituts für Berufsbildung sind:
1. der Hauptausschuß,
2. der Generalsekretär.

§ 16
Hauptausschuß

(1) Der Hauptausschuß beschließt über die Angelegenheiten des Bundesinstituts für Berufsbildung, soweit sie nicht dem Generalsekretär übertragen sind.

(2) Dem Hauptausschuß gehören je elf Beauftragte der Arbeitgeber, der Arbeitnehmer und der Länder sowie fünf Beauftragte des Bundes an. Die Beauftragten des Bundes führen elf Stimmen, die sie nur einheitlich abgeben können; in Angelegenheiten des § 14 Abs. 2 Nr. 3 haben sie kein Stimmrecht. An den Sitzungen des Hauptausschusses können ein Beauftragter der Bundesanstalt für Arbeit und ein Beauftragter der auf Bundesebene bestehenden kommunalen Spitzenverbände mit beratender Stimme teilnehmen.

(3) Die Beauftragten der Arbeitgeber werden auf Vorschlag der auf Bundesebene bestehenden Zusammenschlüsse der Kammern, Arbeitgeberverbände und Unternehmensverbände, die Beauftragten der Arbeitnehmer auf Vorschlag der auf Bundesebene bestehenden Gewerkschaften, die Beauftragten des Bundes auf Vorschlag der Bundesregierung und die Beauftragten der Länder auf Vorschlag des Bundesrates vom zuständigen Bundesminister längstens für vier Jahre berufen.

(4) Der Hauptausschuß wählt aus seiner Mitte einen Vorsitzenden und dessen Stellvertreter auf die Dauer eines Jahres. Der Vorsitzende wird der Reihe nach von den Beauftragten der Arbeitgeber, der Arbeitnehmer, der Länder und des Bundes vorgeschlagen.

(5) Die Tätigkeit im Hauptausschuß ist ehrenamtlich. Für bare Auslagen und für Verdienstausfälle ist, soweit eine Entschädigung nicht von anderer Seite gewährt wird, eine angemessene Entschädigung zu zahlen, deren Höhe vom Bundesinstitut für Berufsbildung mit Genehmigung des zuständigen Bundesministers festgesetzt wird. Die Genehmigung ergeht im Einvernehmen mit dem Bundesminister der Finanzen.

(6) Die Mitglieder können nach Anhören der an ihrer Berufung Beteiligten aus wichtigem Grund abberufen werden.

(7) Der Hauptausschuß kann unbeschadet der Vorschriften des Absatzes 8 und des § 17 nach näherer Regelung der Satzung Unterausschüsse einsetzen, denen auch andere als Mitglieder des Hauptausschusses angehören können. Den Unterausschüssen sollen Beauftragte der Arbeitgeber, der Arbeitnehmer, der Länder und des Bundes angehören. Die Absätze 3 bis 6 gelten für die Unterausschüsse entsprechend.

(8) Der Hauptausschuß hat einen Unterausschuß einzusetzen, dem acht seiner Mitglieder angehören, und zwar je zwei Beauftragte der Arbeitgeber, der Arbeitnehmer, der Länder und des Bundes. Der Unterausschuß nimmt zwischen den Sitzungen des Hauptausschusses nach näherer Regelung der Satzung dessen Aufgaben wahr.

§ 17
Länderausschuß

(1) Als ständiger Unterausschuß des Hauptausschusses wird ein Länderausschuß errichtet; er hat insbesondere die Aufgabe, auf eine Abstimmung zwischen den Ausbildungsordnungen und den schulischen Rahmenlehrplänen der Länder hinzuwirken, soweit sie dem Bundesinstitut obliegt.

(2) Dem Länderausschuß gehören je ein Beauftragter jedes Landes sowie je drei Beauftragte des Bundes, der Arbeitgeber und der Arbeitnehmer an. An den Sitzungen des Länderausschusses kann ein Beauftragter der Bundesanstalt für Arbeit mit beratender Stimme teilnehmen.

(3) Die vom Bundesinstitut vorbereiteten Entwürfe der Ausbildungsordnungen werden dem Länderausschuß vorgelegt, der dazu innerhalb angemessener, vom Hauptausschuß festzusetzender Frist Stellung nehmen kann. Stellungnahmen des Länderausschusses werden mit einfacher Mehrheit beschlossen, die jedoch die Stimmen von mindestens acht Länderbeauftragten umfassen muß.

(4) Aufgrund der Stellungnahme des Länderausschusses werden die Entwürfe vom Hauptausschuß überprüft. Bei der Vorlage an den zuständigen Bundesminister ist kenntlich zu machen, ob und inwieweit die Stellungnahmen des Länderausschusses berücksichtigt worden sind. Minderheitsvoten, die von mindestens drei Länderbeauftragten im Hauptausschuß abgegeben werden, sind bei der Vorlage der Entwürfe beizufügen.

(5) Der Länderausschuß unterliegt nicht dem Weisungsrecht des zuständigen Bundesministers gemäß § 14 Abs. 2 Nr. 1.

(6) Die weitere Abstimmung zwischen Bund und Ländern im Bereich der beruflichen Bildung soll durch Verwaltungsvereinbarung geregelt werden.

§ 18
Generalsekretär

(1) Der Generalsekretär vertritt das Bundesinstitut für Berufsbildung gerichtlich und außergerichtlich. Er verwaltet das Bundesinstitut und führt dessen Aufgaben durch. Soweit er nicht Weisungen und allgemeine Verwaltungsvorschriften des zuständigen Bundesministers zu beachten hat (§ 14 Abs. 2 Nr. 1 und 2), führt er die Aufgaben nach Richtlinien des Hauptauschusses durch.

(2) Der Generalsekretär wird auf Vorschlag der Bundesregierung unter Berufung in das Beamtenverhältnis vom Bundespräsidenten ernannt.

§ 19
Fachausschüsse

(1) Zur fachlichen Beratung bei der Durchführung einzelner Aufgaben kann der Generalsekretär nach näherer Regelung der Satzung Fachausschüsse einsetzen.

(2) Den Fachausschüssen sollen in Fragen der beruflichen Bildung sachkundige Personen, insbesondere auch Lehrer, angehören.

(3) Entsprechend der Aufgabenstellung des jeweiligen Fachauschusses sollen ihm auch Ausbilder und Auszubildende angehören.

(4) Die Lehrer werden auf Vorschlag der auf Bundesebene bestehenden Lehrerverbände, die übrigen Sachverständigen auf Vorschlag der Beauftragten der Arbeitgeber, der Arbeitnehmer, der Länder und des Bundes im Hauptausschuß berufen.

(5) § 16 Abs. 5 gilt entsprechend.

§ 21
Finanzierung des Bundesinstituts für Berufsbildung

Die Ausgaben für die Errichtung und Verwaltung des Bundesinstituts für Berufsbildung werden durch Zuwendungen des Bundes gedeckt. Die Höhe der Zuwendungen des Bundes regelt das Haushaltsgesetz.

§ 22
Haushalt

(1) Auf die Aufstellung und Ausführung des Haushaltsplans des Bundesinstituts für Berufsbildung, die Zahlungen, die Buchführung und die Rechnungslegung sind die für den Bund jeweils geltenden Bestimmungen entsprechend anzuwenden.

(2) Der Haushaltsplan wird vom Generalsekretär aufgestellt. Der Hauptausschuß stellt den Haushaltsplan fest.

(3) Der Haushaltsplan bedarf der Genehmigung des zuständigen Bundesministers. Die Genehmigung erstreckt sich auch auf die Zweckmäßigkeit der Ansätze.

(4) Der Haushaltsplan soll rechtzeitig vor Einreichung der Voranschläge zum Bundeshaushalt, spätestens bis zum 15. Oktober des vorhergehenden Jahres, dem zuständigen Bundesminister vorgelegt werden.

(5) Über- und außerplanmäßige Ausgaben können vom Hauptausschuß auf Vorschlag des Generalsekretärs bewilligt werden. Die Bewilligung bedarf der Einwilligung des zuständigen Bundesministers und des Bundesministers der Finanzen. Die Sätze 1 und 2 gelten entsprechend für Maßnahmen, durch die für das Bundesinstitut für Berufsbildung Verpflichtungen entstehen können, für die Ausgaben im Haushaltsplan nicht veranschlagt sind.

(6) Nach Ende des Haushaltsjahres wird die Rechnung vom Generalsekretär aufgestellt. Die Rechnung ist nach § 109 Abs. 2 der Bundeshaushaltsordnung von dem zuständigen Bundesminister zu prüfen.

§ 23
Satzung

(1) Durch die Satzung des Bundesinstituts für Berufsbildung sind

1. die Art und Weise der Aufgabenerfüllung (§ 14 Abs. 2 und 3) sowie

2. die Organisation
näher zu regeln.

(2) Der Hauptausschuß beschließt mit einer Mehrheit von vier Fünfteln der Stimmen seiner Mitglieder die Satzung. Sie bedarf der Genehmigung des zuständigen Bundesministers und ist im Bundesanzeiger bekanntzugeben.

(3) Absatz 2 gilt für Satzungsänderungen entsprechend.

§ 24
Personal

(1) Die Aufgaben des Bundesinstituts für Berufsbildung werden von Beamten und von Dienstkräften, die als Angestellte oder Arbeiter beschäftigt sind, wahrgenommen. Es ist Dienstherr im Sinne von § 121 Nr. 2 des Beamtenrechtsrahmengesetzes. Die Beamten sind mittelbare Bundesbeamte.

(2) Der zuständige Bundesminister ernennt und entläßt die Beamten des Bundesinstituts, soweit das Recht zur Ernennung und Entlassung der Beamten, deren Amt in der Bundesbesoldungsordnung B aufgeführt ist, nicht vom Bundespräsidenten ausgeübt wird. Der zuständige Bundesminister kann seine Befugnisse auf den Generalsekretär übertragen.

(3) Oberste Dienstbehörde für die Beamten des Bundesinstituts ist der zuständige Bundesminister. Er kann seine Befugnisse auf den Generalsekretär übertragen. § 187 Abs. 1 des Bundesbeamtengesetzes und § 129 Abs. 1 der Bundesdisziplinarordnung bleiben unberührt.

(4) Auf die Angestellten und Arbeiter des Bundesinstituts sind die für Arbeitnehmer des Bundes geltenden Tarifverträge und sonstigen Bestimmungen anzuwenden. Ausnahmen bedürfen der vorherigen Zustimmung des zuständigen Bundesministers; die Zustimmung ergeht im Einvernehmen mit dem Bundesminister des Innern und dem Bundesminister der Finanzen. Arbeitsverträge mit Angestellten, die eine Vergütung nach der Vergütungsgruppe II a der Vergütungsordnung zum Bundes-Angestelltentarif oder eine höhere Vergütung erhalten sollen, bedürfen der Zustimmung des zuständigen Bundesministers.

§ 25
Aufsicht über das Bundesinstitut für Berufsbildung

Das Bundesinstitut für Berufsbildung unterliegt, soweit in diesem Gesetz nicht weitergehende Aufsichtsbefugnisse vorgesehen sind, der Rechtsaufsicht des zuständigen Bundesministers.

§ 28
Änderung des Berufsbildungsgesetzes

Mit dem Inkrafttreten dieses Gesetzes treten § 30, §§ 50 bis 53, § 60 Abs. 1 bis 3 und 5 sowie §§ 61 bis 72 des Berufsbildungsgesetzes außer Kraft; § 50 Abs. 4, 5 und 7 und § 52 bleiben jedoch in Kraft, soweit in § 54 auf diese Vorschriften verwiesen wird. § 60 Abs. 4 gilt bis zum 31. Dezember 1976 weiter mit der Maßgabe, daß die Aufgaben vom Bundesinstitut für Berufsbildung wahrgenommen werden.

§ 32
Übergangsregelungen

(1) Im ersten Jahr nach Inkrafttreten des Gesetzes kann der von dem zuständigen Bundesminister der Bundesregierung vorzulegende Berufsbildungsbericht auch zu einem anderen Zeitpunkt, als in § 5 Abs. 3 vorgesehen ist, vorgelegt werden.

(2) Der Hauptausschuß (§ 16) soll spätestens zwei Monate nach Inkrafttreten des Gesetzes zusammentreten. Der Hauptausschuß des Bundesinstituts für Berufsbildungsforschung führt seine bisherigen gesetzlichen Aufgaben fort, bis der Hauptausschuß des Bundesinstituts für Berufsbildung zusammentritt. Bis zur Ernennung des Generalsekretärs nimmt die Aufgaben nach § 18 Abs. 1 ein Beauftragter wahr, der nach Anhörung des Hauptausschusses des Bundesinstituts für Berufsbildungsforschung vom zuständigen Bundesminister bestellt wird.

§ 33
Bundesinstitut für Berufsbildungsforschung

Die Forschungsaufgaben des Bundesinstituts für Berufsbildung werden nach näherer Bestimmung der Satzung unter der Bezeichnung Bundesinstitut für Berufsbildungsforschung durchgeführt. Die Rechte und Pflichten und das Vermögen des Bundesinstituts für Berufsbildungsforschung gehen auf das Bundesinstitut für Berufsbildung über.

Die Grundform der 1974 geltenden Aufbauorganisation des Bundesinstituts für Berufsbildungsforschung ist aus der Abbildung 2 ersichtlich[16].

Die dem Präsidenten scheinbar stabstellenmäßig zugeordneten Einheiten waren nach der Geschäftsordnung als Zentralabteilungen ausgebildet. Im Untersuchungszeitraum waren die im Schema als verbunden gekennzeichneten Einheiten (Gruppe Koordinierung, Veröffentlichungen, Bibliothek, Archiv und Dokumentation) in einer mit „K" (für Koordination) bezeichneten Organisationseinheit zusammengefaßt, während Verwaltungs- und Rechtsfragen in einer Einheit mit der Bezeichnung „V" (für Verwaltung) integriert waren. Nicht ausgewiesen, aber existent waren als Assistenz- oder Stabseinheiten:

---

[16] Vgl. Bundesinstitut für Berufsbildungsforschung, Jahresbericht 1973 in der Fassung der Vorlage vom 15. 5. 1974.

I. Auftrag, Auftragsverlauf, Gegenstand und Empfehlungen

Büro der Verwaltung (Hauptausschußsekretariat)
Rechnungsprüfungsstelle und
Präsidialbüro.

Im Mai des Jahres 1974 waren die angegebenen Organisationseinheiten entsprechend Tabelle 1 besetzt. Die für 1977 geplanten Stellen sind im Haushaltsplan 1978 aufgeführt.

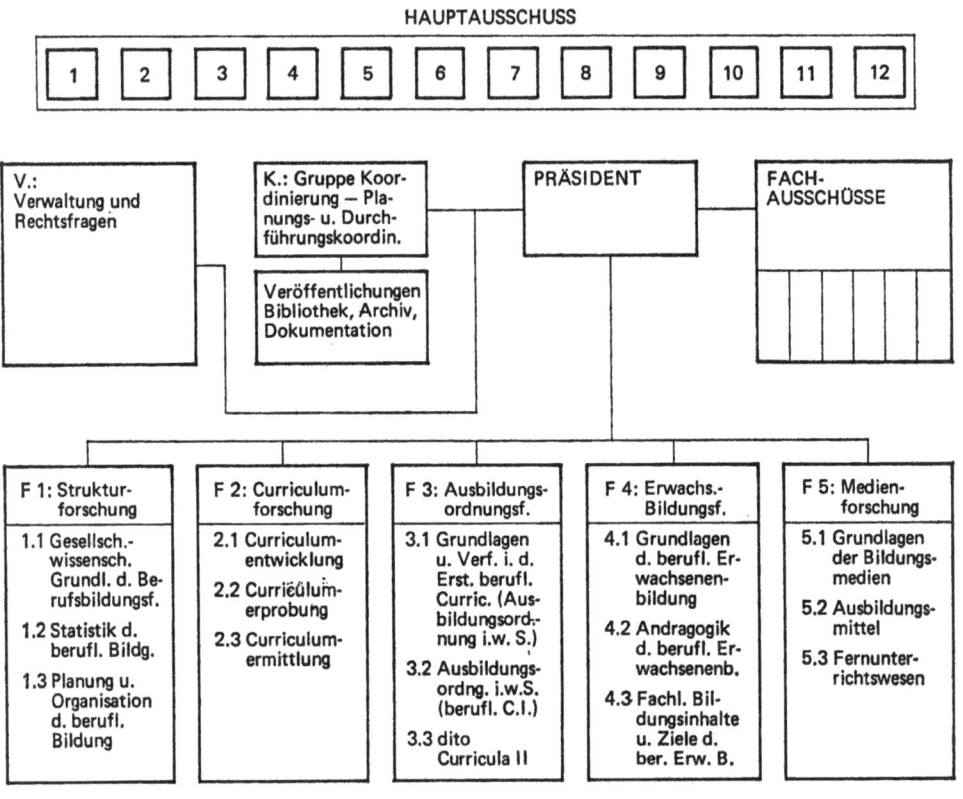

Abb. 2: ORGANISATIONSÜBERSICHT BBF – STAND 1974

Tabelle 1

Personalbestand des BBF 1974

Präsidialbereich	3
Selbstverwaltungsbüro	3
Rechnungsprüfungsstelle	2
Gruppe Koordinierung mit Veröffentlichungen, Bibliothek, Archiv, Dokumentation	32
Verwaltung einschließlich Rechtsreferat, Schreibkräften und Lohnempfängern (36)	68

I. Auftrag, Auftragsverlauf, Gegenstand und Empfehlungen   29

        Forschungshauptabteilung 1   18
        Forschungshauptabteilung 2   25
        Forschungshauptabteilung 3   21
        Forschungshauptabteilung 4   15
        Forschungshauptabteilung 5   44
        Zeitkräfte für F 1 - F 5   12

Insgesamt ergab sich ein Personalbestand von 243 Mitarbeitern. Zur Beurteilung der Organisation ist die Tatsache erwähnenswert, daß das BBF in größerem Umfang externe Aufträge vergab.

Weitere Einzelheiten zur Organisation werden auf Seite 57 ff. dargestellt.

5. Zusammenfassung, Empfehlungen und Folgearbeiten

Im Rahmen des Grundlagenprojekts der GFS war vor allem die Hauptfrage zu beantworten, ob ein *Programmhaushalt* zur Steigerung der *Leistungsfähigkeit* des Instituts geeignet wäre, wobei besonders auch auf die möglichen Programmhaushaltvarianten abgestellt werden mußte.

Die Frage der Eignung wurde sowohl allgemein als auch hinsichtlich der speziellen Voraussetzungen des BBF grundsätzlich bejaht. Der Programmhaushalt würde unter bestimmten Voraussetzungen eine *zentrale Lücke innerhalb der Managementinstrumente des BBF* schließen können. Z. B. war im Untersuchungszeitraum die Forschungs- und Haushaltsplanung nicht formell integriert. Auch war eine Projekt- und Bereichszuordnung von Haushaltsmitteln nur in Ansätzen gegeben. Diese und eine Reihe weiterer Mängelerscheinungen könnten sich durch die effektive Nutzung des Programmhaushalts vermeiden lassen.

Die generelle Befürwortung des Programmhaushalts wird jedoch eingeschränkt durch die Verbesserungsbedürftigkeit einiger weiterer innerer und äußerer *organisatorischer Voraussetzungen*: Ohne eine Lösung der wichtigsten ermittelten Probleme schien uns deshalb der Erfolg der Entwicklung und Einführung eines Programmhaushalts fraglich. Eine nur äußerliche Veränderung der Entscheidungsvorgänge im BBF sollte jedoch vermieden werden.

Folgende Empfehlungen wurden dem BBF — auch zur Vorbereitung des beabsichtigten Entwicklungsprojektes — im Abschlußbericht gegeben:

(1) Eine autorisierte Projektgruppe aus Vertretern der Organisationsbereiche und Organe des Instituts sollte zeitlich befristet mit dem

Auftrag eingerichtet werden, die von uns festgestellten Hauptmängel zu überprüfen und — soweit sich unsere Ansichten bestätigten — abzustellen.

(2) BBF-interne organisatorische, personelle und sachliche Verbesserungsmöglichkeiten sollten ermittelt, bewertet und schließlich in einem Maßnahmenstrukturplan festgelegt werden, der dem Präsidenten und dem Hauptausschuß zur Verabschiedung vorzulegen wäre.

(3) Ein externes Rahmenkonzept für die künftigen Funktionen und die künftige Organisation des BBF sollte mit dem Bund und dem Hauptausschuß ermittelt und abgestimmt werden. Die Umsetzung oder Umsetzungsvorbereitung von Beschlüssen sollte vorgenommen werden.

(4) Die Einführung eines Programmhaushalts im BBF sollte dann beschlossen werden, wenn die Entscheidungen über die in den Empfehlungen 2 und 3 erwähnten komplementären Maßnahmen zur Verbesserung der Organisation getroffen wären.

(5) Als Grundkonzept des Programmhaushalts sollte ein mehrjähriger Mehrzweckhaushalt auf Ausgabenbasis beschlossen werden, der dezentral erarbeitet werden und nachprüfbare Zielangaben (soweit möglich in Form klar definierter „Outputs" und „Impacts") enthalten sollte.

(6) Detailentwicklung und Einführung des Programmhaushaltes sollten von der für Koordinierung zuständigen Zentralabteilung betreut werden. Die Kooperation zwischen der Zentralabteilung und den Fachabteilungen sollte durch die Benennung von teilzeitlich für diese Aufgaben freigestellten Mitarbeitern gesichert werden, welche die Vorarbeiten und Anforderungen der Fachabteilungen einbringen sollten. Hierunter verstehen die Autoren einen partizipativen Problemlösungsprozeß, da im vorliegenden Sachgebiet zentralistische Aufstellungen schwer vorstellbar sind. Die Entscheidung über die Zwischenergebnisse sollte mit den Regelungen zur Organisationsverbesserung abgestimmt werden.

(7) Um die Einführung des Programmhaushalts zu unterstützen, sollte eine Übersicht über alle Institutsaktivitäten geschaffen werden, zu deren Durchführung der Programmhaushalt ein nützliches Hilfsmittel ist (z. B. Forschungsprogramm- und Etatplanung).

(8) Die Integration bestehender Managementinstrumente in die Arbeit mit dem Programmhaushalt sollte systematisiert und überprüft werden. Zu diesem Punkt gehört auch die Notwendigkeit, eventuell beschlossene Änderungen im Hause selbst — gegebenenfalls

I. Auftrag, Auftragsverlauf, Gegenstand und Empfehlungen

durch Führungs- und Fortbildungsmaßnahmen — bekannt zu machen.

(9) Bei der Anlage und Fortschreibung von Geschäftsverteilungs- und Aufgabenbezeichnungen sollte die Systematik der Stellen- und Zielbilder berücksichtigt oder eingehalten werden.

(10) Mit der ersten Erarbeitung des Programmhaushaltes sollte im BBF beschlossen werden, einen Managementzyklus nach Art des Management by Objectives einzuführen.

(11) Es sollte ein Personalentwicklungsprogramm erstmalig entworfen und fortgeschrieben werden, das für das gesamte Institut Gültigkeit haben und aus dem Forschungsprogramm abgeleitet werden sollte.

Wie dargestellt, hat die Projektgruppe Regierungs- und Verwaltungsreform (PRVR) auf der Basis unseres Berichts und unserer Empfehlungen ab Mitte 1974 einen „Organisationsentwicklungsprozeß" eingeleitet, der nach einer schwierigen Anlaufphase bis zum Ende 1975 nach dem vorliegenden Abschlußbericht folgende Ergebnisse brachte:

— Es konnten „institutsinterne Innovationsressourcen ... mobilisiert werden".

— Es wurden „in wichtigen Bereichen institutsspezifische Problemlösungen erzielt ...".

— Es sei „zum ersten Male hauptabteilungsübergreifend auf längere Zeit kontinuierlich an gemeinsamen internen Problemen gearbeitet worden".

— Es sei eine intensive interne Kommunikation, Entspannung und wachsendes gegenseitiges Verständnis erreicht worden.

— Der Hauptausschuß sei „näher an die praktische Institutsarbeit herangerückt und beschäftigt sich aktiv mit Möglichkeiten institutsinterner Reformen"[17].

Der Abschlußbericht der PRVR, der die Empfehlungen unseres Gutachtens weitgehendst bestätigt, umfaßt neben der Schilderung des schwierigen Untersuchungsverlaufs drei Hauptthemenkomplexe und zwar (1) zur institutsinternen Reformarbeit, (2) zur Gesamtsituation des Instituts und (3) zur Beziehung zwischen Institut und Außenwelt.

Im Laufe der Tätigkeit der GFS und der PRVR haben sich in bezug auf die genannten Empfehlungen zwei unterschiedliche Aufgabenschwerpunkte herauskristallisiert:

---
[17] Vgl. PRVR-Bericht.

I. Auftrag, Auftragsverlauf, Gegenstand und Empfehlungen

— Die Weiterentwicklung des Programmhaushaltsansatzes als ein einzuführendes Instrumentarium für das Bundesinstitut für Berufsbildungsforschung und

— die Einleitung eines Prozesses der Klärung organisatorischer Grundsatzprobleme.

Der erste Entwicklungsprozeß (zum Programmhaushalt) wurde institutsintern bis zur Herausgabe eines ersten Institutshaushaltes im Jahre 1977 weitergeführt. Der zweite Entwicklungsprozeß wurde auf zwei verschiedenen Ebenen — und zwar durch einen Unterausschuß des damaligen Hauptausschusses einerseits und das Bundesministerium für Bildung und Wissenschaft andererseits — weitergeführt.

Während der Unterausschuß des damaligen Hauptausschusses konkrete Organisationsvorstellungen zur Arbeit des Instituts entwickelte, stellte das Bundesministerium für Bildung und Wissenschaft mit dem Entwurf und der späteren Verabschiedung des Ausbildungsplatzförderungsgesetzes einen neuen institutionalen und organisatorischen Rahmen für die Berufsbildungsforschung her.

Danach existiert das Bundesinstitut für Berufsbildungsforschung nur noch als Bereichsbezeichnung für die Aktivitäten der Berufsbildungsforschung innerhalb eines neuen Bundesinstituts: Es ist Teilbereich einer übergeordneten bundesunmittelbaren Anstalt öffentlichen Rechts, deren Organe ein Generalsekretär und ein Hauptausschuß sind. Der neue Hauptausschuß umfaßt zu den bereits beim Bundesinstitut für Berufsbildungsforschung vorhandenen Parteien zusätzlich Beauftragte der Bundesländer.

Hinsichtlich der Organisation wird eine Entscheidung im Gesetz insoweit offengelassen, als sie künftig durch die vom Hauptausschuß zu verabschiedende Satzung festzulegen ist.

II. Kapitel

Programmhaushalt und andere Managementinstrumente

1. Managementinstrumente und Anforderungen an das Management

Das BBF hat nach einer Reihe von anderen öffentlichen Einrichtungen erwogen, den Programmhaushalt als Instrument zur Verbesserung seines Managements zu verwenden. Auch der Bundesrechnungshof hatte dem BBF die Verwendung eines Programmhaushalts empfohlen.

Überlegungen und Empfehlungen dieser Art könnten zunächst den Eindruck entstehen lassen, daß das Instrumentarium des Programmhaushalts quasi abrufbar und sofort verwendbar zur Verfügung steht. Dieser Eindruck wäre aber falsch. Zwar existiert ein Grundkonzept des Programmhaushalts. Auch bewegen sich die Aussagen der ökonomischen Literatur zum Programmhaushalt in der Regel und — soweit nicht auf ganz konkrete Anwendungen Bezug genommen wird — notwendigerweise weitgehend im Allgemeinen. Die Übernahme irgendeines abstrakt beschriebenen oder andernorts praktizierten Systems für eine konkrete Behörde wie das BBF ist aber schon deshalb nicht möglich, weil Programmstruktur und Organisationsstruktur zeit- und institutsspezifisch entwickelt werden müssen. Darüber hinaus beginnt sich nach den inzwischen vorliegenden Erfahrungen die Erkenntnis durchzusetzen, daß neben der Frage der formalen Ausgestaltung eines Systems die Frage seiner Implementierung in eine konkrete Behörde als zumindest gleichrangig zu sehen ist[1]. Praktische Systemplanungsversuche, etwa zur Umstellung auf neue Managementverfahren, zeigen recht deutlich, daß in *einer* Institution mit nachweisbar großem Erfolg erarbeitete Problemlösung nicht ohne weiteres auf *andere* Institutionen übertragen werden können. Insbesondere lassen sich auch die langwierigen Konzeptionierungs- und Implementierungsphasen — schon wegen der nur damit erreichbaren Feinabstimmung und der als entscheidend einzuschätzenden Mitarbeitermotivation — keineswegs einsparen. Jede Institution verfügt über eine komplexe, historisch gewachsene und

---

[1] Zu den Pionieren auf dem Gebiete der Implementierungsforschung ist Warren G. Bennis zu rechnen. Vgl. seine und andere Beiträge in W. G. Bennis, K. D. Benne und R. Chin, The Planning of Change, Second Edition, London usw. 1969.

weder für Externe noch für Mitarbeiter ohne weiteres erkennbare Struktur, die bei der Einpassung neuer organisatorischer Vorschriften, wie sie Managementinstrumente ja darstellen, jedenfalls teilweise offengelegt und berücksichtigt werden muß. Dies geht bei innovatorischen Veränderungen, wie sie der Übergang zu einem Programmhaushalt erfordert, nicht ohne bewußte Systementwicklungsprozesse.

Diesen Überlegungen entsprechend findet sich im Regelfall kein ohne weiteres übertragbarer Programmhaushalt und ganz allgemein kein ohne weiteres übertragbares Managementinstrument. Für die Praxis relevant sind vielmehr stets alternative Konzepte und institutionsspezifische Varianten. Daß dieser Zusammenhang nicht erkannt wird, ist nicht selten die eigentliche Ursache für Fehlschläge und Enttäuschungen mit Innovations- und Reorganisationsprozessen.

Über diese Bemerkungen hinaus erscheinen einige klärende Erläuterungen zum Zusammenhang zwischen Programmhaushalt und anderen Managementinstrumenten als notwendig. Unter *Management* verstehen wir — in funktionaler Betrachtungsweise — alle Tätigkeiten, die über die unmittelbaren Realisationsvorgänge hinaus erforderlich sind, um Institutionen wie Behörden oder Betriebe die Existenz in ihrer Umwelt zu ermöglichen. Management ist so gesehen die *zielorientierte Gestaltung und Steuerung sozialer Systeme*[2], die ihrerseits durch Strukturen, als Beziehungszusammenhang zwischen ihren Elementen, und Prozessen als Aktivierung der Strukturen durch aktive Elemente im Zeitablauf, gekennzeichnet sind[3]. In der Gliederung der Arbeitsprozesse nach dem Phasenschema „Planung, Realisation, Kontrolle" sind *Planung* und *Kontrolle* Managementfunktionen, während Realisation nur insoweit dem Management zuzurechnen ist, als auch dort Steuerungs- und Gestaltungsprozesse stattfinden.

Managementfunktionen werden primär durch die Erarbeitung und Verarbeitung von *Informationen* erfüllt, die letztlich zu Entscheidungen über die Aufgabenstellungen und deren Realisation führen.

Managementinstrumente sind alle *Hilfsmittel* in Form von *Regelungen* und *Daten* verschiedener Art, durch welche die Wahrnehmung der zuvor genannten Managementfunktionen ermöglicht oder erleichtert wird und durch deren beobachtete Nutzung — mit Vorbehalten — auf die Wahrnehmung dieser Funktionen geschlossen werden kann.

---

[2] Vgl. Jürgen Wild und Peter Schmid, Managementsysteme für die Verwaltung: PPBS und MbO, in: Die Verwaltung, 1973, Heft 3, S. 145.
[3] Zum Systembegriff vgl. in größerem Detail Heinrich Reinermann, Interessenkonflikte bei der Systemplanung, a.a.O., und die dort angegebene Literatur.

Abb. 3: Untersuchungs-Prüfraster für Managementfunktionen und Managementinstrumente

Zielbildung

110 Zielsystem fortgeschrieben oder einmalig
120 Zielsystem in Außendarstellung
130 Geregelter Fortschr.-Prozeß
140 Organisationsbezug der Ziele
150 Mittelbezug der Ziele (Quantifizierung, Geld, Zeit)
160 Unterscheidung Ziele vor und nach Plan
170 Operationalität und Kontrollierbarkeit
180 Verknüpfungsausweis bereichsintern oder übergreifend

Planung

210 Existenz Planungssystem
220 Bedarfsanalysen
230 Projektionen
240 Prämissenausweis
250 Alternativpläne
260 Partizipation d. Durchführenden
270 Anpassungen an Haushaltsänderungen
280 Technik (Netzpläne, Balkendiagramme oder Zeitpläne)

Organisation

310 Geregelte Aufbauorganisation
320 Kapazitätsausgleich vertikal
330 Kapazitätsausgl. horizontal
340 Stellenbezogene Beschreibung (Aufgaben, Ziele, Kompetenzen)
350 Handhabbare Leitungsspannen (maximal, minimal)
360 Ablaufregelung für Arbeitsprozesse
370 Ausreichende Organisationskapazität gesichert

Motivation und Personalentwicklung

410 Möglichkeiten zur Identifikation des Mitarbeiters
420 Leistungsanreize i. d. Entlohnung
430 Sonstige Leistungsanreize
440 Qualifizierte Personalbestandserfassung
450 Qualifizierte Personalbedarfspl.
460 Karriereplanung
470 Schulungs-, Fortbildungs-, Entwicklungsprogramm
480 Systematische Förderungsgespräche mit den Mitarbeitern

Kontrolle

510 Ergebniskontrollen (Inhaltlich)
520 Ergebniskontrollen (Mittelmäßig)
530 Systemat. Abweichungsanalysen
540 Selbstkontrolle der Mitarbeiter möglich?
550 Fremdkontrolle Arbeitsbereich möglich?
560 Projektbezogene Bedarfskontrolle und/oder Projektbezogene Projektionskontrolle und/oder Projektbezogene Prämissenkontrolle und/oder Projektbez. Alternativkontr.
570 Rückkopplung Kontrolle → Planung

Information

610 Organisatorische Regelung d. Informationsbeziehungen
620 Einsatz moderner Informationstechnik
630 Zielbezug produzierter und verwendeter Daten
640 Managementgerechte Aufbereitung der Daten
650 Regelungen für die externe Informationsverwertung
660 Sicherung der rechtzeitigen Verfügbarkeit

II. Programmhaushalt und andere Managementinstrumente

Will man untersuchen und beurteilen, wie weit und wie gut ein konkretes System wie das BBF mit Managementinstrumenten ausgestattet ist, so benötigt man dafür einen Maßstab. Dieser läßt sich nicht durch einen Vergleich mit anderen Institutionen gewinnen, da es — soweit bekannt — gleichartige Einrichtungen nicht gibt und da man selbst in diesem Falle eine Aussage über die Qualität deren Ausstattung mit Managementinstrumenten haben müßte. Wir haben deshalb aus Beschreibungen und Sollanforderungen sogenannter integrierter Managementkonzepte, wie sie durch entsprechende Versionen des Planning-Programming-Budgeting-Systems (PPBS)[4] und des Management by Objectives (MbO)[5] angenähert werden, einen Anforderungsraster herausgefiltert, der Managementfunktionen und ihre Ausstattung mit Managementinstrumenten enthält und im einzelnen in Abbildung 3 wiedergegeben ist.

In einer gegebenen Behörde können die in der Abbildung angesprochenen, natürlich nicht in jedem Falle mit gleicher Intensität zu erhebenden Anforderungen durch zum Teil schon seit Jahren in der Managementpraxis allgemein eingeführte und nahezu normierte Instrumente erfüllt werden, wie sie mit Stellenbeschreibungen oder Netzplänen, auch unter anderen Bezeichnungen, gegeben sind. Sie können ebenfalls durch Instrumente abgedeckt sein, die speziell für diese Behörde entwickelt wurden oder sich hier im Laufe der Zeit herausgebildet haben. Entscheidend für die Beurteilung der Ausstattung mit Managementinstrumenten sind primär zwei Gesichtspunkte:

1. ob die Erfüllung der zu fordernden Managementfunktionen durch den Einsatz geeigneter Instrumente nachweisbar ist und

2. ob die Einheitlichkeit der Instrumente innerhalb verschiedener Teile der Institution gegeben ist und damit eine die verschiedenen Bereiche übergreifende Integration möglich wird.

Für das BBF werden wir diesen Fragen im III. Kapitel gezielt nachgehen.

Der *Programmhaushalt,* der zur Unterstützung der Managementfunktionen des BBF vorgeschlagen wurde, nimmt nun unter den Managementinstrumenten eine besondere Stellung für nach den Prinzipien der

---

[4] Vgl. Heinrich Reinermann, Programmbudgets in Regierung und Verwaltung, Baden-Baden 1975, mit zahlreichen weiteren Nachweisen.

[5] Vgl. Jürgen Wild, MbO als Führungsmodell für die öffentliche Verwaltung, in: Die Verwaltung, 1973, S. 283 - 316; Carl Böhret und Marie-Therese Junkers, Führungskonzepte für die öffentliche Verwaltung, Band 55 der Schriften des Deutschen Instituts für Urbanistik, Stuttgart etc. 1976; Heinrich Reinermann und Gerhard Reichmann, Verwaltung und Führungskonzepte-Management by Objectives und seine Anwendungsvoraussetzungen. Schriftenreihe der Hochschule Speyer, Band 70, Berlin 1978.

öffentlichen Hand wirtschaftende Institutionen ein. Mit der Kombination von inhaltlicher Zielsystematik und wirkungsbezogener Budgetierung wird er zu einem verschiedene Managementfunktionen unterstützenden Zentralinstrument. Insbesondere *Planung, Zielbildung* und *Kontrolle* sollen — jeweils auf den hierarchisch unterscheidbaren Managementebenen — durch ihn angesprochen werden.

Da dem Programmhaushalt unter den möglichen Managementinstrumenten erhebliche Bedeutung zukommt und dieser für das BBF mehrfach erwogen wurde, wird er hier ausführlicher behandelt. Daraus, daß wir den Programmhaushalt als eines unter mehreren Managementinstrumenten betrachten, das zudem mit anderen interdependent ist, sollte aber schon deutlich werden, daß sein Einsatz zugleich Anpassungen anderer Instrumente nach sich ziehen muß.

2. Der Programmhaushalt als Instrument des Managements von Verwaltungsinstitutionen

a) Entwicklung und Stand der Diskussion um den Programmhaushalt

Der Programmhaushalt (auch als output- oder ergebnisorientierter Haushalt, Aktivitäten-, Leistungs- oder Programmbudget und mit weiteren Begriffen bezeichnet) ist keineswegs ein Instrument, dessen Grundsätze erst in der jüngsten Vergangenheit entwickelt worden sind. Schon 1907 arbeitete die Stadt New York auf Empfehlung ihres Bureau of Municipal Research vorübergehend mit einer Etatklassifikation, die der in der modernen Programmhaushaltsdiskussion geforderten genau entspricht. Die Vorschläge der Hoover-Kommission von 1949 („performance budgeting") laufen ebenfalls auf die Aufstellung von Programmhaushalten, wenngleich im Verhältnis zu heutigen Vorstellungen teils auf niedrigeren Abstraktionsebenen von „Programmen" hinaus[5a]. Zu nennen ist weiter das betriebswirtschaftliche Rechnungswesen für Unternehmungen, das seit Jahrzehnten angewendete Grundsätze enthält, die sich in der Diskussion zum Programmhaushalt wiederfinden (zum Beispiel produktorientierte Kosten- und Leistungserfassung bzw. -planung). Auch können die Etats kleinerer Verwaltungseinheiten mit enger umrissenen Aufgaben durchaus per se Programmcharakter aufweisen. Selbst die Haushalte größerer Institutionen enthalten bei genauerer Betrachtung vor allem in ihren Kapiteln für „Allgemeine Bewilligungen" zweifellos Elemente der Programmbudgetierung. Schließlich muß erwähnt werden, daß sich natürlich die Organisationsstruktur von Regierungen, Ministerien, Abteilungen und Behörden auch

---
[5a] Vgl. Harold A. Hovey, The Planning-Programming-Budgeting Approach to Government Decision Making, New York etc. 1968, S. 76 ff.

II. Programmhaushalt und andere Managementinstrumente

an Programmgesichtspunkten ausrichtet und daß mit dem Funktionenplan — im Haushaltsgrundsätzegesetz verbindlich gemacht[6] — seit vielen Jahren ein Instrument in Gebrauch ist, mit dem sich Haushaltsausgaben nach bestimmten Programmgesichtspunkten zusammenstellen lassen. Es steht aber ebenso außer Frage, daß von einer gezielten, durchgängigen und systematischen Umsetzung der Programmhaushaltsidee in der deutschen Verwaltungswirklichkeit — von Einzelprojekten abgesehen — nicht die Rede sein kann. Um dies bestätigt zu finden, braucht man nur einen beliebigen Politikbereich, etwa die Behindertenpolitik, herauszugreifen und die Etats der zuständigen Behörden daraufhin zu untersuchen, ob sie die Absichten der Verwaltung über Ziel-Mittel-Angaben einschließlich zugeordneter Haushaltsansätze deutlich machen.

Es läßt sich feststellen, daß die Diskussion um eine umfassende und gezielte Verwendung des Programmhaushalts in der öffentlichen Verwaltung erst in den sechziger Jahren und vor allem nach dem Großversuch der US-Bundesregierung mit dem Planning-Programming-Budgeting System (PPBS) 1965 weltweit in Gang gekommen ist[7]. Schweden, Kanada, Norwegen, Israel, Irland, Japan, Belgien, Frankreich, internationale Regierungsorganisationen wie die OECD, die ILO (International Labour Organisation) befassen sich — zum Teil mit originären Ansätzen — unter vielen anderen seitdem und noch heute mit dem Instrument des Programmhaushaltes[8]. Die bundesdeutsche Projektgruppe für Regierungs- und Verwaltungsreform hat in ihrem dritten Bericht grundsätzlich den Programmhaushalt für den Bund gefordert[9]. Ein Entwicklungsversuch läuft im Bundesministerium für Ernährung, Landwirtschaft und Forsten neben dem normalen Haushalt. Zu erwähnen sind in der Bundesrepublik auch Ansätze im kommunalen Bereich sowie in einigen Großforschungsinstituten[10].

---

[6] Vgl. § 11 Haushaltsgrundsätzegesetz von 1969.

[7] Vgl. eine Untersuchung dieses Großversuchs bei Heinrich Reinermann, Programmbudgets in Regierung und Verwaltung, a.a.O.

[8] Vgl. Heinrich Reinermann, Veränderungen im Entscheidungssystem der kanadischen Bundesbehörden, in: Die Verwaltung, 1976, Heft 3, S. 353 - 379 sowie derselbe, Das „ökonomisch-administrative System" in Schweden — Beobachtungen zur Entwicklung eines Reformvorhabens in Schweden, in: Die öffentliche Verwaltung, Heft 20, Oktober 1977, S. 725 - 732.

[9] Vgl. Projektgruppe Regierungs- und Verwaltungsreform beim Bundesminister des Innern, Dritter Bericht zur Reform der Struktur von Bundesregierung und Bundesverwaltung, Bonn, November 1972, S. I/67.

[10] Hierzu auch Herbert König, Programmbudgets in Regierung und Verwaltung, in: Finanzarchiv, 1976, Bd. 34, Heft 3, S. 544 - 549, sowie: Fünfter Forschungsbericht der Bundesregierung, hrsg. vom Bundesminister für Forschung und Technologie, Bonn 1975, S. 21 sowie S. 219 ff.

Zum Anwendungsstand läßt sich heute generell sagen, daß die Erwartungen, die in der ersten Phase nach 1965 an den Programmhaushalt geknüpft wurden, zum Teil euphorisch waren und sich als nicht oder nicht ohne weiteres erreichbar herausstellten. Insofern teilt dieser das Schicksal mit anderen Bewegungen aus dem sozial- und geisteswissenschaftlichen Bereich, die — wie etwa Management-Informationssysteme, automatische Sprachübersetzung usw. — auf der Basis einer Art wissenschaftlichen Aufbruchstimmung in den sechziger Jahren aufkamen, jedoch die anfänglichen Erwartungen bislang nicht erfüllten. Man ist inzwischen, besonders im Ausland, in eine Phase der intensiven Arbeit eingetreten, um die Voraussetzungen für Gestaltung und Anwendung des Programmhaushalts genauer kennenzulernen und zu schaffen. An der Idee des Programmhaushalts wird festgehalten, wenngleich eine erhebliche Differenzierung in seiner Beurteilung festgestellt werden kann. Der Programmhaushalt ist — wie jedes Werkzeug — nicht an sich geeignet oder ungeeignet. Man muß für seine Einschätzung die mit ihm verfolgten Zwecksetzungen ebenso in Rechnung stellen wie den Aufgabencharakter und den Standort der Behörde, auf die man ihn anzuwenden gedenkt. Nicht sämtliche Zwecksetzungen werden durch den Programmhaushalt überhaupt erreichbar sein. Und manche Zwecksetzungen werden sich nicht allein durch den Programmhaushalt, sondern nur in Verbindung mit flankierenden Maßnahmen realisieren lassen.

b) Der Ansatzpunkt des Programmhaushalts

Der Hauptansatzpunkt des Programmhaushalts ist in dem Versuch zu sehen, eine Informationslücke zwischen den Ausgaben der öffentlichen Hand (dem Einsatz oder „Input") und ihren Ergebnissen (den Auswirkungen oder dem „Output") zu schließen. Der langen Tradition nach dem Gruppierungsplan, also nach Ausgabe*arten* gegliederter Etats für die Erfassung des Finanzbedarfs und der verfügten Ausgaben stehen in der Regel kaum Verfahren für Klassifizierung und periodische Erfassung der Verwaltungsleistungen gegenüber[11]. Deshalb ist man — von den unter a) aufgeführten Ansatzpunkten abgesehen — häufig nur im Einzelfall und unter großen Schwierigkeiten in der Lage, erzielte Ergebnisse oder auch nur die für bestimmte Leistungskategorien zu veranschlagenden oder verfügten Ausgaben anzugeben. Damit hängt zusammen, daß ein Außenstehender in der Regel kaum in der Lage ist, vom Jahresetat oder der mittelfristigen Finanzplanung auf die von

---

[11] Zu dieser Problematik und zu einigen deutschen Ansätzen vgl. Hildegard Bartels bzw. Hans Georg Emde, jeweils zum Thema: Die Leistungen des öffentlichen Dienstes im Spiegel staatlicher Zahlenwerke, in: Öffentlicher Dienst und Gesellschaft — eine Leistungsbilanz, Godesberger Taschenbücher, Band 11, Bonn-Bad Godesberg 1974, S. 97 ff. bzw. 115 ff.

einer Regierung, einem Ressort oder einer nachgeordneten Behörde verfolgte Politik zu schließen. Ziele, Alternativen, Programme und Maßnahmen einschließlich Prioritätensetzung, d. h. Umfang und Relation der den einzelnen Aktivitäten zugewiesenen Finanz- und Personalressourcen, werden gewöhnlich durch den Etat wenig transparent gemacht. Erst über zusätzliche Informationen mit regelmäßig anderen Gliederungen — zum Beispiel Ressortberichte, Regierungserklärungen und andere Unterlagen außerhalb des Haushaltswesens — werden diese Lücken, wenn auch nur teilweise, geschlossen. Der Grund einer mangelnden Transparenz wird auch als mitverantwortlich für die Probleme der Überlastung der Haushalte insgesamt und für verwaltungsinterne Schwierigkeiten einer „gerechten" Zuordnung von finanziellen und personellen Mitteln zu Programmen angesehen. Die kritische Öffentlichkeit und zu einem Teil auch die Verwaltungspraxis selbst empfinden diesen Zustand zunehmend als Mangel. Die wachsende *Interdependenz* öffentlicher Aktivitäten erfordert — sowohl innerhalb als auch zwischen den einzelnen Behörden — dringend die Kenntnis der Folgewirkungen von Maßnahmen, damit die notwendigen *Koordinierungs*prozesse unterstützt werden können. *Änderungen in Prioritäten* und politischen Richtlinien verlangen — wenn sie schnell und konsequent verwirklicht werden sollen — Übersicht über die Aktivitäten der Verwaltung in ergebnisorientierter Form. Für die *Prioritätensetzung* selbst wird vielfach beklagt, daß man ohne Programmhaushalt von Budgetsummen direkt auf politische Ziele schließen muß, ohne die Diskussion durch Hinweise auf zu erzielende Wirkungen verschiedener Abstraktionsebenen und durch Vergleichsmöglichkeiten zwischen öffentlichen Vorhaben anreichern zu können. Von vielen wird der Programmhaushalt in dieser Situation als Verbesserungen ermöglichendes Managementinstrument angesehen.

Schließlich bietet ein Programmhaushalt — nicht allein, sondern neben weiteren Instrumenten[12] — Ansatzpunkte für neuere Formen der *Aufgaben-* und *Ergebniskontrolle* (zum Beispiel Programm- oder Maßnahmenvergleiche) neben der heute noch dominierenden fiduziarischen, das heißt auf Sicherung des Vermögens der öffentlichen Hand sowie auf Verhinderung eines möglichen Mißbrauchs durch Bedienstete gerichteten Ausgabenkontrolle.

---

[12] Siehe dazu auch die Gliederung der Management-Anforderungen in der Abbildung auf Seite 35.

c) Die Methodik des Programmhaushalts

Die in verschiedenen Ländern und Organisationen zur Aufstellung und Nutzung von Programmhaushalten angewendeten Methoden differieren naturgemäß in den einzelnen Aspekten, lassen sich jedoch zunächst einmal generell auf die nachfolgend behandelten Bestandteile — Programmstrukturierung, Haushaltsmittelzuteilung, Effektabschätzung und Fortschreibung, einschließlich Systemanalyse der Aktivitäten — zurückführen[13]. In diesen Bestandteilen kann auch eine Schrittfolge gesehen werden, die bei der Aufstellung von Programmhaushalten vollzogen werden muß. Im ersten Schritt ist dementsprechend eine Programmstrukturierung durchzuführen.

Die Programmstruktur ist das methodische Hilfsmittel, mit dem man eine zielorientierte Totalübersicht über sämtliche Aktivitäten einer Institution zu erreichen versucht. Bisweilen wird sogar gefordert, daß darin als Leerstellen auch solche Ziele angegeben sein sollen, für die derzeit keine Programme oder Projekte ausgewiesen werden können oder sollen.

Eine Programmstruktur gruppiert die verschiedenen Tätigkeiten einer Verwaltungsinstitution auf mehreren Abstraktions- oder Aggregationsebenen und kann außerdem für diese Aktivitätsgruppen Ziele, d. h. hier: Festlegungen des zu Erreichenden in operationaler und nachprüfbarer Form, ausweisen[14]. Für die Kombination von Zielen (Zielstruktur) und Programmen (Programmstruktur) gibt es mehrere Varianten, die für die Ausführungen hier noch nicht von Bedeutung sind. Wir werden darauf unter II.3.b zurückkommen. Voraussetzung für die Errichtung einer Programmstruktur ist die Durchführung einer *Funktionsanalyse*[15] der betreffenden Behörde in ihrer gesamten Aufgabenstellung.

Ergebnis einer solchen Funktionsanalyse müssen die „Endprodukte" sein, welche durch eine Behörde für den „Konsum" durch die Gesellschaft oder andere Institutionen zur Verfügung gestellt werden sollen (z. B. Wiedereingliederung Unfallgeschädigter in das Berufsleben, Sicherung eines qualifizierten Arbeitskräftenachwuchses, Schaffung besserer,

---

[13] Hier kann nur eine geraffte Übersicht über die Programmhaushalt-Methodik und ihre Probleme gegeben werden. Vgl. Details bei Heinrich Reinermann, Programmbudgets in Regierung und Verwaltung, a.a.O. sowie Wilhelm Weber und Rupert Windisch, PPBS: Neue Wege in der Planung öffentlicher Ausgaben, in: Schriften des Vereins für Socialpolitik, 1972, S. 147 - 260.

[14] Explizite Ziele werden zum Beispiel im Programmhaushalt des US-Bundesstaates Hawaii mitaufgeführt. The Executive Budget Act of 1970, Honolulu, Hawaii (Act 185, Session Laws of Hawaii 1970).

[15] Vgl. Frieder Naschold, Funktionsanalysen im Regierungssystem, in: Helmut Krauch (Hrsg.), a.a.O., S. 97 - 106.

humaner Arbeitsbedingungen, Entwicklung von Curricula, Lehrgängen usw.). Über solche Endprodukte ist eine Behörde auf der Outputseite mit ihrer Umwelt verbunden. Die Endprodukte rechtfertigen die Existenz einer Institution aus der Sicht ihrer Umwelt.

In einer Programmstruktur werden solche auf Außenwirkung gerichteten Aktivitäten einer Behörde hierarchisch strukturiert, wozu häufig — ausgehend von Globalaufgaben oder Globalzielen — drei bis vier Ebenen verwendet werden. Die Benennungen für diese werden nicht immer einheitlich verwendet.

Auf der obersten Ebene werden *Programme* unterschieden. Dies sind Bündel von Aktivitäten (ihrerseits in der Regel Unterprogramme und Programmelemente genannt), die in etwa demselben Ziel dienen (zum Beispiel „Verbesserung der beruflichen Bildung im kaufmännischen Bereich"). Für jedes Programm sind *Unterprogramme* als Bündel von Programmelementen zu bilden, die ihrerseits wiederum als Mittel zur Erreichung des Unterprogrammziels (etwa „Verbesserung der Ausbildung kaufmännischer Lehrlinge") angesehen werden. Dabei sind sowohl die Programme als auch die einem Programm nachgeordneten Unterprogramme so zu bilden, daß zwischen ihnen Auswahlentscheidungen getroffen werden können, das heißt, daß ihr komplementärer bzw. substitutiver Charakter als Mittel zur Erreichung des Behördenziels deutlich wird. *Programmelemente* schließlich sind Mittel zur Erreichung von Unterprogrammzielen. In ihnen werden Aktivitäten zusammengefaßt, die wiederum einem gemeinsamen Anliegen (der Erreichung des Programmelement-Ziels) dienen (zum Beispiel „Entwicklung von Curricula für die Ausbildung von Lehrern an kaufmännischen Berufsschulen"). Auch für die Abgrenzung der Programmelemente wird als Kriterium gefordert, daß komplementäre und substitutive Beziehungen im Hinblick auf die Beiträge zu den Unterprogrammzielen sichtbar gemacht werden.

Abbildung 4 verdeutlicht diese Zusammenhänge durch einen Ausschnitt aus einer Programmstruktur, die in Anlehnung an ein in einem US-Bundesstaat verwendetes Muster entwickelt wurde. Die oberste Ebene der Globalaufgaben wird mit „Programmbereiche" bezeichnet.

Es ist wichtig zu betonen und wird auch aus Abbildung 5 deutlich, daß die Programmstrukturierung zunächst nicht auf existierende organisatorische Grenzen Bezug nehmen soll. Auch zählt zu den häufig mit dem Programmhaushalt verbundenen Vorstellungen, daß für seine Aufstellung und effektive Handhabung Reorganisationsmaßnahmen grundsätzlich nicht erforderlich sind. Vielmehr wird davon ausgegangen, daß organisatorische Grenzen überschreitende Programme,

II. Programmhaushalt und andere Managementinstrumente 43

Abb. 4: AUSSCHNITT AUS EINER 4-stufigen PROGRAMMSTRUKTUR (US-STAAT)

Programmbereich	Programm	Unterprogramm	Programmelement
– Führung und Verwaltung	Allgemeine Verwaltung Verkehrssicherheit und -überwachung		
– Schutz von Personen und Eigentum	Kontrolle und Reduzierung von Straftaten	Verbrechensverhütung Verfolgung von Straftaten	Überwachung der Sicherheit von Gefängnisinsassen Sicherstellung ihrer physischen und seelischen Gesundheit Insassenberatung Unterrichtung Berufliche Weiterbildung Soziale Ursachenforschung Fachberatung von Bewährungshelfern
	Erhaltung der öffentlichen Sicherheit	Wiedereingliederung erwachsener Straffälliger	
	Kontrolle und Verhinderung von Wasserschäden		
	Schutz von Wäldern und Forsten		
– Physische und seelische Gesundheit der Bevölkerung	Sicherheit der Arbeitsplätze		
– Bildung und Erziehung	Verbraucherschutz		
– Soziale Integration aller Gruppen	Sauberkeit und Sicherheit von Gemeinden und Wohnungen		
– Ökonomische Entwicklung und Einkommenserhaltung			
– Verkehr und Kommunikation			
– Erholung und Kulturelles			

Unterprogramme oder Programmelemente sich prinzipiell durch eine Matrix nach Art der Abbildung 5 sichtbar machen lassen und daß die der Programmstruktur entsprechende Zusammenarbeit der beteiligten Organisationseinheiten durch organisatorische Vorkehrungen zur Verknüpfung von Teilleistungen (zum Beispiel durch Matrixmanagement, Projektorganisation usw.) gesichert werden kann. Zu den in der Praxis bestehenden Problemen hinsichtlich der Interdependenzen von Programm- und Organisationsstruktur wird noch ausführlich Stellung zu nehmen sein.

Im nächsten Schritt sind nach dem Muster der Abbildung 5 die *Haushaltsmittel* — da die Beurteilung von Forschungsvorhaben in Kenntnis der gesamten Ausgaben erfolgen sollte: einschließlich gegebenenfalls verfügbarer Fremdforschungs- oder Drittmittel — auf die Einheiten der Programmstruktur zu *verteilen*. Alle zum Beispiel im Etat in traditioneller Weise nach dem Gruppierungsplan geordneten Ausgaben sind zunächst den Organisationseinheiten zuzurechnen und dann ihren Beiträgen zu Programmstruktureinheiten entsprechend horizontal zu addieren, so daß sich als Summen die für ein Programmelement (eine Zeile) oder für Unterprogramme beziehungsweise Programme (mehrere Zeilen) vorgesehenen Ausgaben ergeben. Dieser Ermittlungsprozeß muß unter Einschaltung der Organisationseinheiten zwecks Angabe der programmorientierten Mittelverwendung an einer zentralen Stelle durchgeführt werden.

Man wird regelmäßig feststellen, daß sich gewisse Ausgabenkategorien, zum Beispiel für das Büro des Präsidenten, nicht einfach oder nicht sinnvoll verteilen lassen. Die Programmstruktur ist dann um „Serviceprogramme, -unterprogramme oder -programmelemente" als Auffangstellen für diese Summen zu ergänzen.

Wir sehen es als wesentliches Merkmal des Programmhaushalts an, daß die ihn benutzende Institution versuchen muß, auch die mit ihren Aktivitäten bewirkten *Effekte* zahlenmäßig zu *erfassen*, soweit dies sinnvoll möglich ist. Denn der Charakter des Programmhaushalts legt nahe, ihn nicht nur als methodisches Hilfsmittel der Reklassifizierung traditioneller Ausgabennachweise zu benutzen. Wenngleich die Quantifizierungsproblematik, gerade im Forschungsbereich, keineswegs übersehen werden darf, ist doch vielfach die Erfahrung gemacht worden, daß mit der notwendigen Kreativität mehr Effekte gemessen werden können, als zunächst angenommen wird. Oft ist es zum Beispiel jedenfalls möglich, die Zahl der von einem Vorhaben Profitierenden oder die durch ein Vorhaben Angesprochenen anzugeben, womit immerhin erste Wirkungskategorien zur Verfügung stehen.

Abb. 5: ZUSAMMENHÄNGE ZWISCHEN PROGRAMMSTRUKTUR UND ORGANISATIONSSTRUKTUR

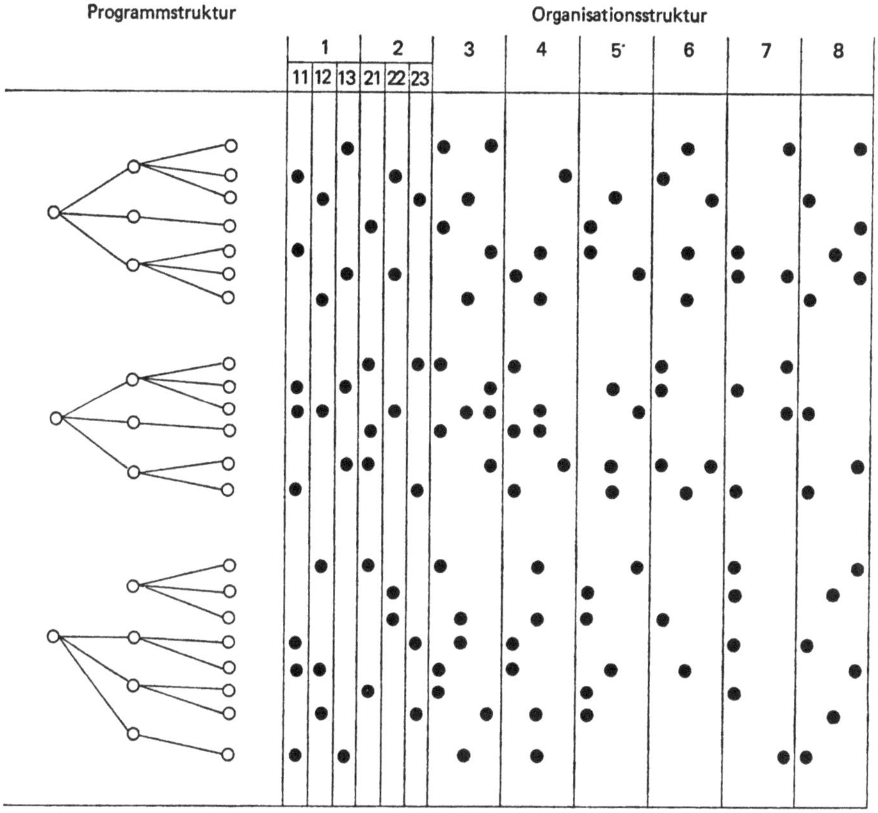

Zugleich muß dennoch deutlich darauf hingewiesen werden, daß viele Effekte öffentlicher (wie privater) Aktivitäten sich einer objektiven Messung entziehen[16] und daß gerade dies *die* Effekte sein können, die ein Vorhaben aus der Sicht seiner Verfechter rechtfertigen. Da dieses Phänomen für viele Menschen — völlig zu Recht — zu einer reservierten Haltung gegenüber Schemata, Formeln, Algorithmen oder Computern führt, wird ein deutliches Augenmerk bei der organisatorischen Einbettung und Handhabung von Programmhaushalten darauf zu richten sein, daß keine höheren Erwartungen durch den Programmhaushalt erweckt werden als tatsächlich erfüllbar sind.

---

[16] Zur Abgrenzung von Meßbarem und Nichtmeßbarem vgl. Heinrich Reinermann, Wirtschaftlichkeitsanalysen, Heft 4.6 des Handbuch der Verwaltung, hrsg. von Ulrich Becker und Werner Thieme, Köln 1974.

II. Programmhaushalt und andere Managementinstrumente

Bei der Angabe der Effekte ist es sinnvoll, zwischen „Outputs" und „Impacts" zu unterscheiden. In beiden Fällen handelt es sich um konkrete Wirkungsangaben, welche der Zielstruktur entsprechen. Deutsche Begriffe, etwa Ausstoß für Output und Programmwirkung für Impacts, haben sich noch nicht durchgesetzt[17]. Mit *Outputs* werden die Ergebnisse auf der Ebene der Programmelemente bezeichnet, etwa „Zahl der Absolventen" für ein Ausbildungsprojekt. *Impacts* sind die Ergebnisse auf höheren Abstraktionsstufen, etwa „Reduzierung der Arbeitslosenquote in einem bestimmten Wirtschaftsbereich" oder „Anhebung der Qualität der Arbeitskräfte in einem bestimmten Wirtschaftsbereich" (zum Beispiel gemessen in persönlichem Einkommen der Beschäftigten). Es ist selbstverständlich, daß das Programmbudget viele „weiße Flekken" bezüglich der Effekte aufweisen wird. Dies gilt besonders für die obersten Ziele wie „Herstellen gleicher Startbedingungen". Deshalb sei nochmals betont, daß die erfaßten Ergebnisse keinesfalls allein zur Beurteilung einer Programmstruktureinheit ausreichen sollen.

Nach den drei Schritten „Programmstrukturentwicklung, Haushaltsmittelzuordnung und Effekteabschätzung" verfügt die jeweilige Verwaltungsinstitution als *Zwischenergebnis* und ganz unabhängig davon, ob sie diese Art der Darstellung in den Etatprozeß einbringen will oder nicht, über eine Budgetinformation, die in wichtigen Punkten über das hinausgeht, was aus den traditionellen Haushaltsunterlagen und den ergänzenden Dokumenten entnehmbar ist.

Bislang lassen sich die den einzelnen Aktivitäten zugemessenen Prioritäten nur mühsam im Einzelfall durch den feststellbaren Mitteleinsatz errechnen. Angaben über Ziel-Mittel-Relationen, betroffene Bevölkerungsgruppen und andere Wirkungen liegen nur selten vor. Demgegenüber existiert mit dem Zwischenergebnis eine flächendeckende Ziel-Mittel-Struktur, aus der Sinn und Zugehörigkeit der zahlreichen Aktivitäten von den Mitarbeitern wie von Außenstehenden relativ schnell erkannt werden können und die ebenso als Nachweis gegenüber der Öffentlichkeit oder anderen Interessierten wie als internes Koordinationsinstrument dienen kann.

Ob *alle* an den Entscheidungsprozessen in einer Institution Beteiligten aus ihrer spezifischen Funktion heraus die durch Programmhaushalte bewirkte Transparenz für erstrebenswert erachten können, erscheint durchaus fraglich. Man sollte keineswegs überrascht sein, wenn dieses nicht so ist. Soziotechnische, das heißt, mit Menschen und technischen Hilfsmitteln arbeitende Systeme sind in aller Regel Koalitionen[18], also Einrichtungen, die allen Beteiligten beziehungsweise deren Anforde-

---

[17] Vgl. den Versuch einer Begriffsklassifikation für Ergebnisse öffentlichen Handelns ebenda.

rungen gerecht zu werden versuchen müssen und denen man — Zwangsmaßnahmen einmal ausgenommen — nur solange angehört, wie die persönlich erbrachten Einsatzleistungen durch subjektiv erstrebte und eingeschätzte Vorteile honoriert werden. Zu diesen Vorteilen zählen unter Umständen nicht nur die finanziellen Bezüge, sondern beispielsweise auch die Verwirklichung persönlicher Zielvorstellungen bezüglich der bearbeiteten Aufgabengebiete. Diese Zielvorstellungen können wiederum über verschiedenartige Beziehungen zu externen Gruppierungen des gesellschaftlichen Systems abgesichert sein. Es sollte deshalb keineswegs verwundern, wenn ein Programmhaushalt — ebenso wie andere Managementinstrumente —, der nach Ansicht der Betroffenen subjektive Zielvorstellungen gefährdet, auf Desinteresse oder sogar Widerstand stößt. In solchen Fällen wird die Nützlichkeit des Programmhaushalts erst deutlich, wenn die Korrektur gemeinsam unerreichbarer Zielvorstellungen vollzogen oder die Vorteilhaftigkeit des Programmhaushalts im Durchsetzungsprozeß erkannt, durch Komplementärmaßnahmen herbeigeführt und gesichert ist.

Soll der erstmalig aufgestellte Programmhaushalt als Grundlage für künftige Forschungsprogramm- und Etatverhandlungen, für die zielentsprechende Durchführung der Forschungsvorhaben sowie für ergebnisorientierte Kontrollprozesse dienen, so muß er laufend fortgeschrieben werden, wobei die einzelnen Vorhaben periodisch, aber nicht alle simultan, *mit systemanalytischen Ansätzen* auf Adäquanz zu überprüfen sind. Die Vorteile des Programmhaushalts liegen dabei in seiner Eignung, auf der einen Seite Lücken im Programm der Behörde ebenso aufzuzeigen wie notwendige komplementäre Projekte, einschließlich ihrer Bezüge zum Gesamtprogramm, und zum anderen in der Bereitstellung von Erfahrungsmaterial über Projektausgaben und -ergebnisse für erneute Planungen. Darüber hinaus ist der Programmhaushalt geeignet, die Kontinuität von Programmen über mehrere Jahre zu sichern sowie über den sichtbar gemachten Ressourcenverbrauch einer Überlastung der Behörde durch Übernahme oder Übertragung zu vieler Projekte entgegenzuwirken. Der strikte Ressourcenbezug trägt darüber hinaus im Vergleich der wünschbaren Projekte zum Abwägen der Prioritäten bei.

Organisatorisch können zahlreiche Abläufe für die — meist jährliche — Überarbeitung des Programmhaushalts entwickelt werden. Sinnvollerweise wird in jedem Fall ein Prozeß anzustreben sein, der eine Mischung aus Projekt(änderungs)ideen von der Basis mit Vorstel-

---

[18] Vgl. hierzu insbesondere Richard M. Cyert und James G. March Behavioral Theory of the Firm, Englewood Cliffs, N.J. 1963, das inzwischen ein Standardwerk auf dem Gebiete der Verhaltenserklärung von bzw. in Institutionen geworden ist.

lungen der Programm- und Unterprogrammverantwortlichen bewerkstelligt. Denn mit einer partizipativen Ausrichtung kann ebenso das Wissenspotential der Mitarbeiter zum Wohle der Leistungssteigerung der Institution genutzt werden wie dem heute als selbstverständlich geltenden Anspruch auf Selbstverwirklichung der Mitarbeiter Rechnung getragen wird.

3. Alternativen beim Programmhaushalt und bei anderen Managementinstrumenten

a) Alternative Managementkonzepte

Wie bereits unter 1. dargestellt, sind für die Managementfunktionen verschiedene Managementinstrumente in verschiedenen Ausgestaltungen denkbar. Welche Managementinstrumente und welche Ausgestaltung im Einzelfall zweckmäßig ist, hängt von der jeweiligen Situation ab. Die Erkenntnis der Situationsabhängigkeit der Managementinstrumente ist von grundlegender Bedeutung. Denn sie erhöht die Einsicht in die Notwendigkeit, organisatorische Verbesserungen institutionsindividuell zu prüfen, zu planen und durchzuführen.

Die Zahl und Differenziertheit der Instrumente (z. B. Planungsverfahren, Arbeitsplatzbeschreibungen, Ergebnisberichte) ist so erheblich und ihre Situationsabhängigkeit im konkreten Anwendungsfall so unterschiedlich, daß eine detaillierte Darstellung eine eigene Veröffentlichung erfordern würde. Wir gehen daher hier den Weg, daß wir von unterschiedlichen *Managementkonzepten* ausgehen, in denen die *einzelnen Instrumente* in unterschiedlicher Zahl, Ausprägung und Bedeutung verwendet werden.

In der Managementlehre wird über die Zusammenfassung von Managementinstrumenten versucht, die sogenannten Managementkonzepte gegeneinander abzugrenzen und sie abstrakt als Alternativen zu diskutieren. In diesen Zusammenhang gehören etwa Erörterungen über die Vorzugswürdigkeit des Management by Exception (MbE) oder des Management by Objectives (MbO) gegenüber dem Management by Delegation (MbD) oder anderen Konzeptionen. Die nähere Betrachtung der Unterscheidung solcher Konzeptionen zeigt, daß diese sich hauptsächlich durch einen wachsenden Vollständigkeits- und Integrationsgrad auszeichnen und daß die Gewichte zwischen den Elementen unterschiedlich verteilt sind.

Vergleichende Untersuchungen und Erörterungen lassen vermuten, daß von den verschiedenen Konzepten das *Management by Objectives* in einer für die Verwaltung entwickelten Form für öffentliche Institutionen anwendbar ist und die meisten Vorteile verspricht[19]. Hierbei darf nicht übersehen werden, daß eine akzeptierte Definition „des" MbO nicht existiert und deshalb für MbO selbst wiederum Gestaltungsalternativen denkbar sind, über die im Einzelfall ebenso eine Verständigung herbeigeführt werden müßte, wie dies nachfolgend bezüglich des Programmhaushalts nachgewiesen werden soll[20].

Ohne daß dies in dieser Untersuchung näher begründet werden könnte, wird als geeigneter Bezugsrahmen für die verschiedenen Managementinstrumente das Konzept des Management by Objectives (MbO) herangezogen, wie es von den zitierten Autoren vertreten worden ist. Dieses Konzept wird — ggf. nach situationsspezifischen Anpassungen — für eine Reihe von Jahren als tragfähig angesehen werden können.

Aus den SOLL-Vorstellungen des Grundkonzeptes des MbO-Systems — kombiniert mit für öffentliche Institutionen geltenden Besonderheiten — sind die Anforderungen und Instrumente abgeleitet worden, nach denen bei der Bestandsaufnahme zum Management in der vorliegenden Untersuchung gefragt wird. Hierzu wird auf Abbildung 3 verwiesen.

b) Alternativen der Ausgestaltung von Programmhaushalten

Während wir auf alternative Managementkonzepte hier nicht näher eingehen, wird der Programmhaushalt, wie bereits an anderen Stellen dieses Berichts geschehen, auch hier besonders hervorgehoben, weil unser Auftrag speziell auf seine Prüfung abzielte. Einige seiner zu untersuchenden Dimensionen tangieren aber auch andere Managementinstrumente; dies trifft etwa für die Einführungsstrategie, die Art der Erarbeitung, die Integration in den gesamten Managementprozeß und anderes zu.

Einige der uns wesentlich erscheinenden Gestaltungs- und Anwendungsvarianten des Programmhaushalts werden nachfolgend durch Merkmalsgruppen zum Ausdruck gebracht, für die jeweils unterschiedliche Merkmalsausprägungen möglich sind. Die wesentlichsten dieser Merkmale sind in Abbildung 6 wiedergegeben. Die Menge der mög-

---

[19] Vgl. Andreas Jentzsch, Jürgen Wild und Peter Schmid, Vorstudie zum Führungsinstrumentarium der Ressortleitung, Gutachten im Auftrag der Projektgruppe Regierungs- und Verwaltungsreform, Königswinter 1971, Seite 26 (noch nicht veröffentlicht); desgl. Gerhard Banner, Ziel- und ergebnisorientierte Führung in der Kommunalverwaltung — Erfahrungen mit „Management by Objectives" in Duisburg, in: Archiv für Kommunalwissenschaften, 14. Jg. 1975, 1. Halbjahresband S. 22 - 40; Carl Böhret und Marie-Therese Junkers, a.a.O.

[20] Mit diesem Fragenkomplex befassen sich Heinrich Reinermann und Gerhard Reichmann, a.a.O.

lichen Alternativen für die Gestaltung des Programmhaushalts ergibt sich aus den Kombinationen der verschiedenartigen Merkmalsausprägungen. In diesem Abbschnitt sollen nur die möglichen Programmhaushaltsvarianten analysiert werden. Die Begründung für aus unserer Sicht als vorzugswürdig erscheinende Ausprägungsformen wird weiter unten bei der Erarbeitung von Empfehlungen geliefert.

Sich darüber klar zu sein, daß zahlreiche Gestaltungsmöglichkeiten für Programmhaushalte bestehen, ist bereits von Bedeutung, um Mißverständnisse in Diskussionen über Erfolg oder Mißerfolg von Programmbudgets zu vermeiden. Nicht selten reden die Teilnehmer aneinander vorbei, weil sie abstrakt von „dem" Programmhaushalt sprechen, aber jeweils recht verschiedene Ausprägungsformen im Sinn haben können. Darüber hinaus verbessert die Kenntnis verschiedener Programmhaushaltsformen die Chance, daß Entwicklungen für die Praxis situationsspezifisch vorgenommen werden.

Wenden wir uns nun einigen Varianten von Programmhaushalten zu.

(1) Schon der *Verwendungszweck* eines Programmhaushalts kann sehr unterschiedlich sein und damit seine Eignung wesentlich beeinflussen. Unter *Einzweck-Programmhaushalten* wird ein Ansatz verstanden, demzufolge die bestehenden Etatdarstellungen völlig zugunsten von Programmklassifizierungen aufzugeben sind. Dies wurde zum Beispiel von der Hoover-Kommission vorgeschlagen. Demgegenüber kommt schon aus gesetzlichen Gründen für Verwaltungsinstitutionen nur ein *Mehrzweck-Programmbudget* in Frage, sofern die traditionelle Etatklassifikation nach dem Gruppierungsplan vorgeschrieben ist. Darüber hinaus besitzt diese aber ohnehin einen genuinen Aussagewert für verschiedene Managementfunktionen innerhalb oder auch außerhalb der betreffenden Behörde. Hier reiche der Hinweis darauf, daß etwa die Parlamente traditionsgemäß ein erhebliches — und keineswegs unberechtigtes — Interesse an inputorientierten Haushaltsangaben äußern.

(2) Hinsichtlich der Zahleninhalte ist zunächst zwischen *Ausgaben-* und *Kosten-Programmhaushalten* zu unterscheiden. Geht man vom heute üblichen Jahresetat aus, so erhält man nach dessen outputorientierter Reklassifizierung einen Ausgaben-Programmhaushalt, der dann für die Beurteilung von Projekten nachteilig ist, wenn stoßweise Ausgaben für Güter einzuplanen sind, die mehrere Jahre benutzt werden (maschinelle Anlagen, Bauten usw.). In einem solchen Falle ist — unter Umständen als Ergänzung — ein Kosten-Programmhaushalt vorzuziehen. Er setzt allerdings die Einführung einer Kostenrechnung voraus, mit der zeitliche und sachliche Abgrenzungen der tatsächlichen Ausgaben nach ihrer effektiven Nutzung vorgenommen werden können.

II. Programmhaushalt und andere Managementinstrumente

Abb. 6: ENTWICKLUNG VON PROGRAMMHAUSHALTS-ALTERNATIVEN

	Merkmale	Merkmalsausprägungen			
1	Verwendungszweck	Einzweck-haushalt	Mehrzweck-haushalt		
2	Angabe des Ressourcenverbrauchs	Ausgaben	Kosten		
3	Ergebnisdifferenzierung	Output deskriptiv	Output quantitativ	quantitativer Output und deskriptive Impacts	Output und quantitative Impacts
4	Zeitliche Geltung	einjährig	zweijährig	mehrjährig	
5	Art der Programmstrukturierung	baumartig einlinig	baumartig mit Querverknüpfungen	gemischt baumartig und matrixartig	
6	Anzahl der Ziel-Mittel-Dimensionen	eindimensional	mehrdimensional		
7	Anzahl der Ebenen der Programmstruktur	zwei	drei	vier	fünf und mehr
8	Integration mit Management-Prozeß	dokumentativ	im Managementprozeß verwendet		
9	Geltungsbereich	regierungsweit	ganze Behörde	Organisationseinheiten einer Behörde	
10	Art der Erarbeitung	zentral Linie	zentral Stab	dezentral nur Abteilungsleiter	dezentral mit leitenden Mitarbeitern
11	Art der Einführung	simultan	sukzessiv		

(3) Was die *Ergebniswiedergabe* anbelangt, so ist zu unterscheiden, ob der *Output* lediglich *qualitativ* beschrieben oder in *quantitativer Form* angezeigt werden soll. Anspruchsvollere Alternativen verlangen über Outputs hinaus die Angabe qualitativ oder quantitativ beschriebener *Impacts*.

(4) Bezüglich der zeitlichen Geltung stehen *einjährige* und *mehrjährige* Programmhaushalte zur Wahl. Die mittel- bis langfristigen Wirkungen öffentlicher Projekte lassen einen *mehrjährigen Programmhaushalt* sinnvoll erscheinen, der dann außerdem mit der mittelfristigen Finanzplanung abgestimmt werden kann. Im Grunde erfordert dies eine mittel- bis längerfristige Aufgabenplanung. Nicht für alle Jahre ist aber ein gleicher Detaillierungsgrad erforderlich.

(5) Die Programmstrukturierung läßt sich *baumartig einlinig, baumartig mit Querverknüpfungen* oder *gemischt baum- und matrixartig* vornehmen.

Im ersten Fall leitet man entweder aus jeder bestimmten Aufgabe eine oder mehrere Unteraufgaben ab (top down-Verfahren) oder man definiert für mehrere bestimmte Aufgaben eine Oberaufgabe (bottom up-Verfahren). Beide Verfahren lassen sich auch kombinieren. Das Ergebnis besteht hier jeweils aus einem umgekehrten Baum, anhand dessen jede Teilaufgabe über eine einzige Linie aus der Wurzel (dem obersten Ziel) abgeleitet werden kann. Bei dem Versuch, solche Programmbäume aufzustellen, entsteht nicht selten die Schwierigkeit, daß Projekte mehreren Oberaufgaben dienen, so daß ein Einliniensystem nur durch mehrfaches Aufführen dieser Projekte aufrechterhalten werden kann. Die Tatsache, daß ein Projekt mehreren übergeordneten Zielen dient, kann aber auch so berücksichtigt werden, daß man Querverknüpfungen durch gesonderte Linien ausweist. Dadurch entsteht ein Mehrliniensystem. Die mehrfache Zuordnung eines Teilziels oder Projektes unterstreicht, wenn man einmal von möglicherweise unterschiedlichen Zielgewichten absieht, seine Bedeutung, weil es zur Erreichung mehrerer Ziele erforderlich ist.

Bei beiden angegebenen Formen bleibt durch die lineare Verbindung von Ober- und Unterzielen die Zielableitung eindeutig. Es muß aber darauf hingewiesen werden, daß bei Vorliegen solcher Ziel-Mittel-Interdependenzen — und diese sind in der öffentlichen Verwaltung durchaus nicht selten — eine logisch eindeutige, voll verursachungsgerechte Ausgabenzurechnung nicht möglich ist. Man muß sich hier mit pragmatischen Lösungen behelfen und dies bei der Prioritätendiskussion stets berücksichtigen.

Dort, wo die Verbindung von verschiedenen Oberzielen und konkreten Programmzielen Schwierigkeiten mit sich bringt, wird gelegentlich eine dritte Form der Programmstrukturierung angewandt. Man trennt an einer bestimmten Ebene konkrete Programme und/oder Projekte von übergeordneten baumartigen Strukturen der Ziele ab und stellt sie diesen gegenüber. Will man beide verbinden, so geschieht dies über eine zu erarbeitende Matrix (Spaltenbezeichnungen: Die letzte Ebene der Zielstruktur; Zeilenbezeichnungen: Die gegenübergestellten Programme). Damit läßt sich auf der einen Seite die Mehrlinigkeit anschaulich abbilden. Auf der anderen Seite ergibt sich aber auch die Möglichkeit, die baumartige Struktur der oberen Ebenen aus dem Haushaltsplan herauszulassen, womit Ausmaß, Transparenz und Konsequenzen von Veränderungen der Etatisierungsgepflogenheiten in Grenzen gehalten werden können.

(6) Es lassen sich weiter *ein- und mehrdimensionale Programmhaushalte* danach unterscheiden, ob die Programmstrukturen und damit die verschiedenen Ziel-Mittel-Relationen eindimensional oder auf eine Reihe möglicher Fragestellungen ausgerichtet sind. Beispielsweise lassen sich Aktivitäten der beruflichen Bildungsforschung entweder nach Technologien oder nach Wirtschaftssektoren, Berufsgruppen, Altersklassen, Ausbildungsstätten, Medien, Regionen und anderem mehr einteilen und aggregieren und man kann versuchen, mehrere dieser Dimensionen simultan in einem Programmhaushalt zu berücksichtigen. Beim heutigen Stand der EDV ist ein solches Vorgehen mit vertretbarem Zeitaufwand möglich. Allerdings setzt dies einen entsprechenden Erfassungsaufwand, unter anderem eine Kennziffernbildung, voraus. Der Vorteil eines mehrdimensionalen Programmhaushalts liegt vor allem darin, daß damit einem wichtigen Charaktermerkmal der Aufgabenerfüllung in soziotechnischen Systemen jedenfalls teilweise entsprochen werden kann: Hier gelingt es in der Regel nicht, Ziel-Mittel-Relationen aufzustellen, die von allen Beteiligten akzeptiert werden. Insbesondere ist es, wie schon ausgeführt, keineswegs selten, daß Aktivitäten, die von einem als Mittel zur Erreichung höherer Ziele angesehen werden, für den anderen selbst Ziele sind. Ein eindimensionaler Programmhaushalt ist dann als alleinige Unterlage zur Entscheidungsfindung weniger geeignet.

(7) Allein in der *Anzahl der Ebenen* von Programmstrukturen läßt sich ein wichtiges Unterscheidungsmerkmal für Programmhaushalte erkennen. Dieses ist in der Praxis deshalb von Bedeutung, weil mit zunehmender Programmstrukturtiefe zugleich das Ausmaß an Transparenz hinsichtlich der angestellten Ziel-Mittel-Überlegungen wächst.

(8) Nach dem Grad der Integration in den Managementprozeß wird unterschieden, ob der Programmhaushalt lediglich der *Dokumentation* dienen soll oder ob er zur aktiven Unterstützung von Planung und

Kontrolle voll in den *Managementprozeß integriert* wird. Es liegen Anwendungsbeispiele dafür vor, daß man sich auf die Entwicklung eines Programmhaushalts beschränkt hat, ohne zugleich organisatorische Regelungen für seine wirkliche Benutzung im Führungsprozeß vorzusehen. Die Erfolgswahrscheinlichkeit einer solchen Strategie ist vergleichsweise gering einzuschätzen. Die bloße Existenz eines Programmhaushalts ist keine Garantie dafür, daß vorgefundene Verfahrensweisen einer Behörde nachhaltig verändert werden. Immerhin können aber auch solche dokumentatorischen Programmhaushaltsinformationen aufgrund ihres neuartigen Gehalts einen gewissen Einfluß auf die Programmgestaltungsprozesse ausüben. Je nach verfolgter Zwecksetzung kann ein nur dokumentierender — und dementsprechend einfacher, weil abseits vom realen Aufgabenvollzug aufzustellender — Programmhaushalt also durchaus sinnvoll sein.

Bei höheren Ansprüchen ist allerdings eine Vorgehensweise erfolgversprechender, bei der man die Entwicklung des Programmhaushalts mit der Schaffung organisatorischer Regelungen verknüpft, die seine Verwendung als Kristallisationspunkt für Programmplanung und Etatverhandlungen praktisch unumgänglich machen. Hierin muß sogar eine der wesentlichsten Erfolgsvoraussetzungen für sichtbare Verhaltensänderungen einer Institution gesehen werden.

(9) Als ein weiteres Unterscheidungsmerkmal kann der Geltungsbereich von Programmhaushalten herangezogen werden. *Regierungs-, behörden- oder abteilungsweite Varianten* sind denkbar. Da als ein zentrales Problem des BBF die Integration der Organisationseinheiten innerhalb des Instituts angesehen wurde, bestand die Zielvorstellung offenbar nicht in nebeneinander stehenden Programmhaushalten aller oder einiger Hauptabteilungen.

(10) Weiterhin lassen sich hinsichtlich der Art der Erarbeitung verschiedene Formen des Programmhaushalts unterscheiden: Die *Erarbeitung* durch eine *Zentralinstanz* über die Linie, die Erarbeitung durch einen *zentralen Stab*, die *dezentrale Erarbeitung* durch eine Kommission, bestehend aus Mitgliedern der oberen Hierarchie-Ebene, sowie die dezentrale Erarbeitung durch alle mit Leitungsbefugnissen ausgestatteten Mitarbeiter sind als Varianten möglich.

(11) Managementkonzeptionen und -instrumente, insbesondere auch der Programmhaushalt, können nach unterschiedlichen Strategien eingeführt werden. Es ist einmal möglich, Veränderungen auf der Basis einer *vorgefundenen Organisation* vorzunehmen, der man neue Instrumente additiv hinzufügt. Im Gegensatz dazu lassen sich *zusätzliche organisatorische Vorbereitungen* treffen, um die Erfolgswahrscheinlichkeit von Innovationsprojekten zu erhöhen.

Als weiteres Unterscheidungsmerkmal hinsichtlich der Implementierungsstrategie ist die *simultane* oder die *schrittweise Einführung* von Bedeutung. Nach den inzwischen vorliegenden Erfahrungen ist es für den Programmhaushalt außerordentlich sinnvoll, nach einem Stufenplan vorzugehen und seinen Aufbau sukzessiv in Angriff zu nehmen. Man kann zum Beispiel zunächst die Programmstruktur entwickeln, dieser in einem späteren Schritt Ausgaben zuordnen, die in den Organisationseinheiten entstehen, zu einem weiteren Zeitpunkt auf Kostenbetrachtungen übergehen, von qualitativen zu quantitativen Outputs fortschreiten usw. Die verschiedenen Einführungsstrategien verdienen deshalb besondere Aufmerksamkeit, weil sie in großem und in der Regel unterschätztem Umfang über den Erfolg oder Mißerfolg der Einführung an sich sinnvoller Konzepte entscheiden.

Damit haben wir anhand elf unterschiedlicher Dimensionen einige Variationsmöglichkeiten für Programmhaushalte behandelt. Unter Beachtung der speziellen situativen Bedingungen des BBF ist hieraus eine geeignete Variante auszuwählen, wenn eine grundlegende Befürwortung des Programmhaushalts festgestellt werden kann.

III. Kapitel

Zur Ausgangssituation der Managemententwicklung im BBF

1. Hinweise zum Feststellungsverfahren

Den Auftraggebern dieser Studie sowie verschiedenen Teilnehmern an der Diskussion über Verbesserungsmöglichkeiten des BBF schwebte vor, daß man mit dem Programmhaushalt einen wesentlichen Teil der vor Beginn unserer Untersuchung ausgesprochenen Probleme lösen könne. Wir haben die artikulierten Mängel im Sinne der Systemanalyse zunächst einmal als Problemsymptome angesehen und versucht, uns ein tiefergehendes Bild von der Managementsituation des Instituts zu verschaffen. Dies geschah aus drei Überlegungen heraus. Erstens war festzustellen, ob ein Programmhaushalt mit seiner spezifischen Zwecksetzung überhaupt die entscheidenden Probleme im BBF angehen kann. Zweitens suchten wir nach Hinweisen, ob und an welchen Stellen über den Programmhaushalt als Managementinstrument noch hinaus gegangen werden müsse, falls die erste Frage positiv zu beantworten sei. Drittens galt es zu erkennen, inwieweit die im BBF bereits verwendeten Managementinstrumente untereinander und mit dem Programmhaushalt kompatibel sind, um das Ausmaß der vorzunehmenden Veränderungen besser abschätzen und soviel Vorhandenes wie nur irgend möglich übernehmen zu können.

Wir mußten hierzu im Rahmen der uns gesetzten Grenzen ein Abbild oder jedenfalls eine näherungsweise richtige Vorstellung der Entscheidungsprozesse im BBF und ihrer Hintergründe gewinnen. Diese Vorstellung sollte es uns ermöglichen, die vorgefundenen Verhaltensweisen des Instituts einerseits zu erklären, andererseits hinreichend verläßliche Vorhersagen bezüglich seiner Veränderbarkeit mittels Programmhaushalt zu machen. Unsere ersten Feststellungen zum IST-Zustand des BBF basierten auf dem Studium von Unterlagen über dessen Organisation und Management einerseits sowie auf ersten Befragungen zahlreicher seiner Mitarbeiter andererseits.

Der Auftragsumfang[1], die Auftragsformulierung und die Terminmöglichkeiten bestimmten dabei das Verfahren unserer Feststellungen. An-

---

[1] 22 honorierte Manntage, zu denen allerdings weitere, vor allem für Auswertungen durch die Autoren, hinzukamen.

stelle differenzierter empirischer Erhebungen, die für die Folgeschritte beabsichtigt waren, wurden systematische Gruppenarbeitsprozesse und Einzelgespräche durchgeführt. Eine partizipative Problemformulierung, wie sie die eingangs skizzierten neueren Ansätze der Systemanalyse vorsehen, war so nur in Rudimenten möglich. Nach Vorgesprächen im BBF und im BMBW und nach ersten Unterlagenstudien wurde in getrennten Gruppen mit der Leitung des BBF und einem ausgewählten Mitarbeiterkreis eine ad hoc-Abfrage von Führungsproblemen, eine Punktbewertung dieser Probleme und eine Aussprache über die gewichteten Probleme durchgeführt. Der Präsident, die Hauptabteilungsleiter und die Zentralabteilungsleiter wurden darüber hinaus anhand eines standardisierten Fragebogens zur Existenz bestimmter Daten und Regeln hinsichtlich des Managements und zur möglichen Einführung eines Programmhaushalts befragt. Die Erhebungsergebnisse wurden vor Berichtabfassung dem gleichen Personenkreis zur Kenntnis gebracht und einschließlich unserer abgeleiteten Empfehlungen erörtert. Bei den Fragen zum Management wurde gebeten, die Antworten so weit wie möglich durch Unterlagen zu belegen.

Da die Befragungen ad hoc und — aus Zeitgründen — ohne eine Detaildefinition der verwendeten Begriffe erfolgen mußten, war von Anfang an damit zu rechnen, daß Interpretationsunterschiede bei einzelnen Angaben zu unterschiedlichen Befragungsergebnissen führen würden. Aus der Sicht der Autoren sind die Untersuchungsergebnisse als vorläufige, begründete Problemsicht anzusehen, d. h. als eine erste Basis für die interaktive Weiterentwicklung von Problemsicht und Lösungsmöglichkeiten. Aus den Ergebnissen der Diskussionen über die vorgetragenen Untersuchungsergebnisse, die getrennt mit der Leitung des BBF und einem ausgewählten Mitarbeiterkreis geführt wurden, schlossen die Autoren auf eine dahingehende Übereinstimmung, daß trotz verbleibender Bedenken gegen einzelne Feststellungen die Situationsbeurteilung und die Schlußfolgerungen im wesentlichen zutreffend waren.

Die sich aus den folgenden Einzelgesprächen und schriftlichen Stellungnahmen ergebenden Hinweise wurden im Rahmen der Aufgabenstellung in den vorgelegten Abschlußbericht eingearbeitet.

2. Funktionen und organisatorische Eingliederung des ehemaligen Bundesinstituts für Berufsbildungsforschung zum Erhebungszeitpunkt

Das Studium der verfügbaren Unterlagen über Auftrag und Organisation des BBF führte zu der nachfolgend gegebenen Beschreibung, die später durch die Erhebungen über verwendete Managementinstrumente sowie durch Befragungen zur Problemsicht der Institutsangehörigen noch ergänzt wird. Unter allen Unterlagen stellt das bereits zitierte Berufsbildungsgesetz (BBiG)[2] die zentrale Grundlage von Funktionen und Organisation des BBF dar. Auf die Formulierungen des Gesetzes wird daher nachfolgend nochmals zurückgegriffen.

§ 60 (2) bestimmt die Aufgaben des Instituts „insbesondere" wie folgt:

1. die Grundlagen der Berufsbildung zu klären
2. Inhalte und Ziele der Berufsbildung zu ermitteln
3. die Anpassung der Berufsbildung an die technische, wirtschaftliche und gesellschaftliche Entwicklung vorzubereiten.

Das Institut ist laut Gesetz eine bundesunmittelbare Körperschaft öffentlichen Rechts (§ 60 (1) BBiG), hat Mitglieder (§ 61 BBiG), wird aus Haushaltsmitteln des Bundes finanziert und mittels eines *Haushaltsplanes* bewirtschaftet (§ 68 BBiG).

Die *Mitglieder*, die in der Institutsarbeit eine wesentliche Rolle spielen, sind:

Der Bundesverband der deutschen Industrie,
die Bundesvereinigung der deutschen Arbeitgeberverbände,
die Bundesvereinigung der Fachverbände des deutschen Handwerks,
die deutsche Angestelltengewerkschaft,
der deutsche Gewerkschaftsbund,
der deutsche Handwerkskammertag,
der deutsche Industrie- und Handelstag und
der Bund.

Der Bund wird laut Gesetz durch den Bundesminister für Wirtschaft und den Bundesminister für Arbeit und Sozialordnung vertreten. Im Untersuchungszeitraum war jedoch laut Organisationserlaß des Bundeskanzlers[3] primär der Bundesminister für Bildung und Wissenschaft tätig.

Als Organe des Instituts sind *der Präsident* und der aus Vertretern der Mitglieder bestehende *Hauptausschuß* vorgeschrieben. Die Funktionen des Bundes — vertreten durch den Bundesminister für Bildung und Wissenschaft — gehen dabei über die Mitwirkung im Hauptausschuß hinaus: Das Forschungsprogramm (§ 64 (2) BBiG) und der Haus-

---

[2] Berufsbildungsgesetz (BBiG vom 14. 8. 1969 [Bundesgesetzblatt I, S. 1112], geändert durch das Gesetz zur Änderung des Berufsbildungsgesetzes vom 1. 3. 1971 [BGBl. I, S. 185]).

[3] Vgl. Organisationserlaß des Bundeskanzlers vom 15. 12. 1972 (Bundesanzeiger Nr. 238 vom 20. Dezember 1972, Kapitel V, auf S. 2).

haltsplan (§ 68 (2) BBiG) bedürfen der Genehmigung des Bundes. Hieraus ergeben sich Gestaltungsmöglichkeiten. Außerdem hat der Bund ein Aufsichtsrecht mit Eingriffsbefugnissen in die Tätigkeit des Instituts bei Abweichungen von Gesetz und Satzung (§ 70 BBiG).

Bedeutsam erscheint, daß die Vertreter des Hauptausschusses die Interessen der Sozialpartner repräsentieren, die ihrerseits dezidierte politische Meinungen vertreten. Die Aufgaben und Kompetenzen des Hauptausschusses betreffen alle Angelegenheiten des Instituts (§ 64 (2) BBiG), soweit diese nicht vom Präsidenten wahrzunehmen sind. Auch die Beschlußfassung über die Satzung des Instituts, der der Bund allerdings dann noch zustimmen muß, obliegt dem Hauptausschuß (§ 67 BBiG).

Beim Studium des Gesetzes fällt auf, daß hinsichtlich des *Forschungsprogramms* zwar geregelt ist, daß dies vom Hauptausschuß zu beschließen, vom Bund zu genehmigen und vom Präsidenten durchzuführen ist, daß aber Hinweise auf sein Zustandekommen fehlen. Zur Durchführung des Forschungsprogramms wird dem Präsidenten nach dem Gesetz (§ 66 BBiG) die Möglichkeit eingeräumt, Fachausschüsse einzuschalten, die aus Vertretern der betroffenen Fachverbände, der Gewerkschaften und (in gleicher Zahl) der Lehrer an den berufsbildenden Schulen bestehen sollten.

Die vorgefundene Aufbauorganisation des Instituts entspricht der Geschäftsordnung, die bestimmt, daß fünf Hauptabteilungen für die Forschungsarbeit und zwei Zentralabteilungen für die Administrationsarbeit gebildet werden, die in Referate zu untergliedern sind. Damit wird eine hierarchische Grundstruktur festgelegt.

Ursprünglich waren in der Geschäftsordnung des Instituts eine „Forschungskonferenz" und eine „Leitungskonferenz" vorgesehen. Die Forschungskonferenz wurde am 29. 5. 1973 aufgehoben, während die Leitungskonferenz als „Direktorium" mit Beratungsrechten hinsichtlich der Präsidialentscheidungen fortbestand.

Aus der — im Vergleich zu anderen Einrichtungen — großen Anzahl schriftlicher Regelungen zu Organisation und Arbeitsweise des Instituts ergab sich der Eindruck, daß eine weitergehende Festlegung von Entscheidungs- und Arbeitsabläufen angestrebt würde. Dies wird aus einem Überblick über die im Untersuchungszeitraum bestehenden Regelungen deutlich. Folgende Regelungen wurden festgestellt:

Gesetz,
Satzung,
Geschäftsordnung des BBF,
Geschäftsordnung Hauptausschuß,

Geschäftsordnung Fachausschuß,
Richtlinien des Hauptausschusses für die Führung der Geschäfte durch den Präsidenten,
Institutsanweisungen,
Geschäftsverteilungsplan.

Das Zustandekommen von *Forschungsprogramm* und *Haushaltsplan* war auch in der Satzung nur andeutungsweise geregelt. Nach § 12 (1) der im Untersuchungszeitraum geltenden Satzung hat der Präsident dem Hauptausschuß den Haushaltsplan für ein Jahr, das Forschungsprogramm für mindestens ein Jahr und einen Kostenüberblick für den Zeitraum der mittelfristigen Finanzplanung vorzulegen. Diese Entwürfe von Forschungsprogramm und Haushaltsplan mußten zeitlich vor den Voranschlägen zum Bundeshaushalt vorliegen (§ 12 (2) der Satzung).

Über die begonnenen, abgeschlossenen und geplanten Forschungsvorhaben sollte der Jahresbericht des Präsidenten Auskunft geben (§ 13 der Satzung). Empfehlungen für die Entwicklung der Forschungskonzeption und die Aufstellung des Forschungsprogramms sollten nach § 12 der Geschäftsordnung des BBF von der inzwischen aufgehobenen Forschungskonferenz erarbeitet werden.

Zur *Aufgabenstellung des Instituts* mußte im Erhebungszeitraum unterstellt werden, daß Zielbestimmung, Durchführung und Kontrolle der Institutsarbeit schwierig waren. Die Neuheit von Institut und Aufgaben, die unterschiedlichen Interessenlagen und Ausbildungsvoraussetzungen der Mitarbeiter sowie ein erheblicher Umfang der eingesetzten Mittel bei vielleicht zu hohen Leistungsanforderungen bedingten *überdurchschnittliche Anforderungen* an das Management.

Dem Management waren — wie gezeigt — aber bestimmte Rahmenbedingungen zur Funktion, zum organisatorischen Zusammenhang, zu den im BBiG genannten anderen Institutionen und zur inneren Organisation vorgegeben.

Nach unserer Konzeption einer Systementwicklung unter maßgeblicher Berücksichtigung des Programmhaushalts mußte geprüft werden, ob diese Rahmenbedingungen den Anforderungen einer effektiven Programmhaushaltsentwicklung entsprechen. Diese Konzeption kam in der Gesamtanlage unseres Auftrages — insbesondere in der Aufteilung der Arbeiten in ein Grundlagen- und ein Entwicklungsprojekt — zum Ausdruck.

Die kritische Durchsicht der externen Rahmenvorgaben ließ erkennen, daß zumindest eine genaue Analyse möglicher Abweichungen zwischen Rahmenbedingungen und Anforderungen notwendig war.

Diese Analyse wird im Grundlagenprojekt bis zur konkreten Empfehlung für das Entwicklungsprojekt durchgeführt. Im Vergleich zu anderen öffentlichen und privaten Institutionen mit überwiegend einfacheren Aufgabenstellungen und Strukturen erschien die vorgefundene Situation des BBF hoch komplex. Die Autoren gelangten daher zu der Schlußfolgerung, daß Zweifel angebracht sind, ob die *grundlegenden Regeln zur Funktion* und zur organisatorischen Eingliederung in den *Zusammenhang mit anderen Institutionen* und zur *inneren Organisation* in Gesetz und Satzung anforderungsgerecht formuliert sind. Eindeutigkeit und Abwicklung der Entscheidungsprozesse in vertretbarer Frist konnten im Rahmen der beschriebenen Regelungen durch mehrere Informations- und Entscheidungswege in Frage gestellt werden. Insbesondere erschien eine Untersuchung im Rahmen unseres Auftrags dringlich, ob das Instrument des Programmhaushalts mit dem vorgefundenen Regelungssystem kompatibel wäre.

3. Vorgefundene Instrumente

In Kapitel II dieser Studie wurde dargestellt, daß der Programmhaushalt nur eines unter verschiedenen Instrumenten zur Effizienzsteigerung von Behörden und anderen Institutionen ist.

Der Begriff „Managementinstrument" wird hier als Synonym für Hilfsmittel (Regelungen und Daten) verstanden, durch die zentrale Führungsfunktionen wahrgenommen werden können. Diese Funktionen sind gegenwärtig vor allem

die Zielbildung,

die Planung,

die Organisation,

die Motivation und Personalentwicklung,

die Kontrolle und

die Information[4].

Zu diesen Kategorien wurden ein Anforderungs- und Instrumentenraster erarbeitet, das in den nachfolgenden Tabellen mit Schlüsselworten wiedergegeben ist.

Instrumente zu den einzelnen Funktionen können nun in verschiedenen Ausprägungen vorhanden sein. Diese verschiedenen Ausprägungen sollen durch die folgenden Symbole gekennzeichnet werden:

---

[4] Vgl. Jürgen Wild und Peter Schmid, Managementsysteme für die Verwaltung — PPBS und MbO, a.a.O., Seite 289.

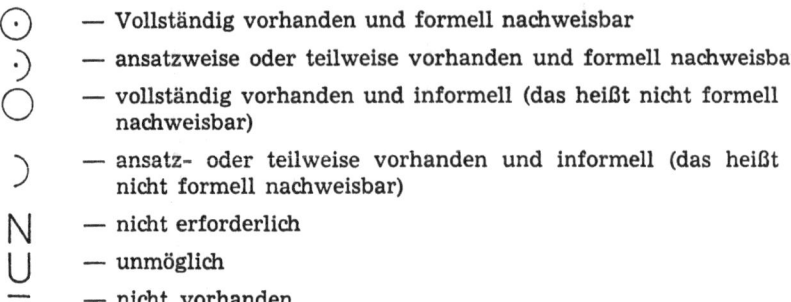
— Vollständig vorhanden und formell nachweisbar
— ansatzweise oder teilweise vorhanden und formell nachweisbar
— vollständig vorhanden und informell (das heißt nicht formell nachweisbar)
— ansatz- oder teilweise vorhanden und informell (das heißt nicht formell nachweisbar)
— nicht erforderlich
— unmöglich
— nicht vorhanden.

Einschränkend muß zu diesen Symbolen bemerkt werden, daß die Angaben „vollständig vorhanden und formell nachweisbar" auf Interviewaussagen zurückgehen, die — vor allem in den Zentralbereichen — nicht durch einen Vergleich mit den Unterlagen geprüft wurden. Zwar war eine gewisse Absicherung der Aussagen dadurch möglich, daß Informationen über die Managementinstrumentierung sowohl aus der abgewickelten Problemanalyse als auch aus den Interviewergebnissen hervorgingen. Auch wurden die Befragungsergebnisse in Form der tabellarischen Darstellungen den Bereichsleitern vorgelegt und z. T. korrigiert. Da die Befragungen und Erörterungen jedoch nicht gemeinsam mit allen Bereichsleitern vorgenommen werden konnten, ließen sich unterschiedliche Begriffsinterpretationen nach wie vor nicht ausschließen.

Die nachfolgende Tabelle 2 ist nun so aufgebaut, daß die Spalten jeweils für bestimmte Organisationsbereiche des Instituts stehen. In Spalte 1 werden die Instrumente aufgeführt, die übergreifend für das ganze Institut eingesetzt werden und damit der Anwendung des Präsidenten unterliegen. In den Spalten 2 - 6 werden die Instrumente der fünf Fachabteilungen angegeben, während in den Spalten 7 und 8 die Instrumente der zentralen Serviceeinheiten beschrieben werden.

Aus der Tabelle 2 und den dieser zugrundeliegenden Unterlagen ließen sich folgende Schlußfolgerungen ziehen:

Die Funktionen *Zielbildung und Planung* waren hinsichtlich der inhaltlichen Vorgänge stark dezentralisiert und informell geregelt: Offiziell bestand zwar ein gemeinsames Forschungsprogramm und es existierten seit Anfang 1974 vom Hauptausschuß verabschiedete forschungspolitische Grundsätze. Eine systematische Integration der in den Hauptabteilungen bestehenden Teilzielsysteme lag jedoch nicht vor.

Eine Verknüpfung von Zielen oder Projekten zwischen den einzelnen Hauptabteilungen war nur ansatzweise vorhanden.

III. Zum Stand der Managemententwicklung im BBF

Tabelle 2: Vorgefundene Managementinstrumente zu den Funktionen Zielbildung, Planung, Organisation, Motivation und Personalentwicklung, Kontrolle sowie Information

	FUNKTION	ORGANISATIONSBEREICHE							
1	Zielbildung Instrumente	1	2	3	4	5	6	7	8
110	Zielsystem fortgeschr. oder		◗	◗	◗	◗	◗	◗	○
	Zielsystem einmalig	◗							
120	Zielsystem in Außendarstellung	◗	◗	◗	◗	◗	⊙	◗	—
130	Geregelter Fortschreibungsprozeß	○	◗	⊙	◗	◗	⊙	○	◗
140	Organisationsbezug der Ziele	◗	⊙	⊙	◗	◗	⊙	⊙	⊙
150	Mittelbezug der Ziele (Quantifizierung, Geld, Zeit)	◗	◗	◗	—	—	◗	⊙	—
160	Unterscheidung Ziele vor und nach Planung	—	—	—	—	—	⊙	○	○
170	Operationalität und Kontrollierbarkeit	◗	◗	⊙	⊙	◗	⊙	○	⊙
180	Verknüpfungsausweis bereichs-intern oder	—	○	⊙	⊙	◗	◗	○	⊙
	Verknüpfungsausweis übergreifend	—	—	◗	—	◗	—	◗	⊙

	FUNKTION	ORGANISATIONSBEREICHE							
2	Planung Instrumente	1	2	3	4	5	6	7	8
210	Existenz Planungssystem	—	○	⊙	○	○	○	○	○
220	Bedarfsanalysen	◗	◗	N*	◗	○	◗	○	⊙
230	Projektionen	—	◗	◗	○	○	—	◗	◗
240	Prämissenausweis	◗		N*	—	—	◗	—	N
250	Alternativpläne	—	◗	◗	◗	◗	◗	○	◗
260	Partizipation der Durchführenden	○	○	⊙	○	○	⊙	○	⊙
270	Anpassungen an Haushaltsänderungen	—	◗	◗	◗	○	⊙	⊙	⊙
280	Technik Netzpläne oder	—	◗	—	⊙	—	⊙	—	—
	Balkendiagramme oder	—	⊙	—	⊙	◗	⊙	—	—
	Zeitpläne	—	⊙	⊙	⊙	◗	⊙	—	◗

*) Durch gesellschaftliche Interessengruppen und Bundesregierung stets vorgegeben

64 III. Zum Stand der Managemententwicklung im BBF

Tabelle 2 Fortsetzung

FUNKTION		ORGANISATIONSBEREICHE							
3	Organisation Instrumente	1	2	3	4	5	6	7	8
310	Geregelte Aufbauorganisation	○	⊙	⊙	⊙	⊙	○	⊙	⊙
320	Kapazitätsausgleich vertikal	Entl. Präs.	←	Sachbearbeiter fehlen			→	⊙	⊙
330	Kapazitätsausgleich horizontal	—	←	Service fehlt			→		⊙
340	Stellenbezogene Beschreibung d. Aufgaben, Ziele, Kompetenzen	◝	◝	⊙	◝	◝	○	◝	⊙
350	Handhabbare Leitungs spannen max. min.	12 / 1	7 / 2	11 / 3	10 / 5	6 / 1	12 / 2	10 / 1	4 / 1
360	Ablaufregelung für Arbeitsprozesse	◝	◝	◝	⊙	⊙	⊙	◝	○
370	Ausreichende Organisationskapazität gesichert	←			fehlt				→

FUNKTION		ORGANISATIONSBEREICHE							
4	Motivation und Personalentwicklung Instrumente	1	2	3	4	5	6	7	8
410	Möglichkeiten zur Identifikation des Mitarbeiters	○	○	○	○	○	○	○	◝
420	Leistungsanreize in der Entlohnung	—	—	—	—	—	—	—	◝
430	Sonstige Leistungsanreize	○	○	—	○	○	○	○	—
440	Qualifizierte Personalbestandserfassung	◝	N*	—	N	◝	◝	○	—
450	Qualifizierte Personalbedarfsplanung	◝	◝	⊙	◝	◝	◝	◝	—
460	Karriereplanung	◝	U	—	○	○	U	◝	◝
470	Schulungs-, Fortbildungs-, Entwicklungsprogramm	◝	◝	◝	◝	◝	◝	—	◝
480	Systematische Förderungsgespräche mit den Mitarbeitern	◝	N*	○	◝	N	◝	○	—

*) bedingt durch persönlichen Überblick und Kontakte mit den Mitarbeitern

III. Zum Stand der Managemententwicklung im BBF

Tabelle 2 Fortsetzung

	FUNKTION	ORGANISATIONSBEREICHE							
5	Kontrolle Instrumente	1	2	3	4	5	6	7	8
510	Ergebniskontrollen inhaltlich	⊙	○	⊙	☽	☽	⊙	☽	⊙
520	Ergebniskontrollen mittelmäßig	☽	☽	—	☽		⊙	☽	—
530	Systematische Abweichungsanalysen	○	☽	☽	—	—	☽	○	○
540	Selbstkontrolle der Mitarbeiter möglich?	—	☽	⊙	☽	⊙	⊙	○	⊙
550	Fremdkontrolle Arbeitsbereich möglich?	☽	○	○	○	○	⊙	☽	⊙
560	Projektbezogene Bedarfskontrolle und/oder	—	○	○	☽	○	○	—	⊙
	Projektbezogene Projektionskontrolle und/oder	—	○	○	☽	○	○	—	☽
	Projektbezogene Prämissenkontrolle und/oder	—	○	○	☽	○	○	—	N
	Projektbezogene Alternativenkontrolle	—	○	○	☽	○	○	—	☽
570	Rückkoppelung Kontrolle – Planung	☽	○	○	○	○	⊙	☽	☽

	FUNKTION	ORGANISATIONSBEREICHE							
6	Information Instrumente	1	2	3	4	5	6	7	8
610	Organisatorische Regelung der Informationsbeziehungen	⊙	○	○	☽	○	○	○	⊙
620	Einsatz moderner Informationstechniken	☽	○	○	☽	○	☽	○	—
630	Zielbezug produzierter und verwendeter Daten	☽	—	⊙	☽	☽	○	☽	N
640	Managementgerechte Aufbereitung der Daten	☽	☽	⊙	☽	○	○	☽	☽
650	Regelungen für die externe Informationsverwertung	—	☽	☽	⊙	⊙	⊙	—	N
660	Sicherung der rechtzeitigen Verfügbarkeit	☽	—	—	—	—	—	☽	☽

Innerhalb der jeweiligen Bereiche (d. h. einerseits die jeweiligen Forschungshauptabteilungen und andererseits der Präsident mit seinen Zentraleinheiten) waren die Planungsansätze und -abläufe unterschiedlich. Es ist jedoch festzustellen, daß auch in den Bereichen, in denen die Planungsansätze und -abläufe stärker entwickelt waren, keine Verfahren angewandt wurden, die denen der Aufstellung eines Programmbudgets entsprochen hätten.

Nur in einer Hauptabteilung erfolgte bisher — wegen der Inanspruchnahme von Sonderfinanzierungen — eine projektbezogene Ermittlung und Ausweisung von Sach- und Personalmitteln. Dies bedeutet, daß in allen übrigen Bereichen die Haushalts- und Personalmittel unaufgeschlüsselt den gesamten Vorhaben des Instituts und den verschiedenen Organisationseinheiten gegenüberstanden. Damit war es auch nicht möglich, Haushaltsmittel und Stellen ohne zusätzliche Unterlagen und Befragungen auf die Organisationseinheiten aufzuteilen.

Bemerkenswerterweise konnte jedoch festgestellt werden, daß vor unserer Untersuchung verschiedene Ansätze gemacht wurden, die Übereinstimmung zwischen dem *Forschungsprogramm* und zumindest dem *Haushaltsplan* herzustellen, die aber nicht durchgesetzt werden konnten: So wurden im Oktober 1972 von der für den Forschungsplan zuständigen Serviceeinheit ein Verfahrensvorschlag und ein Fragebogen mit Projekt- und Kostenangaben zur Erstellung des Forschungsprogramms erarbeitet. Im November 1973 wurde nach ablehnender Meinungsäußerung zu PPB-Systemen ein Projekterhebungsbogen vorgeschlagen, welcher der inhaltlichen Projektbeschreibung dienen sollte, aber auch detaillierte Fragen zur Finanzierung enthielt, die für eine Haushaltsplanung verwendbar gewesen wären. Ein weiterer Projekterhebungsbogen wurde im Jahre 1974 konzipiert. Außerdem wurde ein Vorschlag für die Erfassung von Haushaltsvoranmeldungen für Modellversuchsmaßnahmen im Mai 1974 erstellt, über dessen Verwendung uns keine Informationen vorlagen.

Bezüglich der „*Organisation*" ergaben sich Unterschiede in der Bereichs- und Gesamtbetrachtung. Soweit erkennbar waren die Ansätze innerhalb der Bereiche sowohl individuell gut begründet als auch verschieden ausgeprägt und verschiedenartig instrumentiert. Bemerkenswert erschien unter anderem, daß die stellenbezogenen Aufgabenbeschreibungen aller Mitarbeiter des Instituts, die für die zentralen Service- und Managementaufgaben benötigt werden, zwar im Anfang einmal aufgestellt, aber nicht fortgeschrieben wurden. Das Praktizieren unterschiedlicher Regeln fiel ebenso auf wie der erhebliche Umfang an Anweisungen für die Institutsarbeit, der als Anzeichen

III. Zum Stand der Managemententwicklung im BBF 67

einer möglichen Überorganisation im Verwaltungsbereich gewertet werden konnte.

Die in den Fachabteilungen vertretene Meinung, daß die wissenschaftlichen Hilfskräfte (Sachbearbeiter) und Servicekräfte (z. B. Schreib- und Organisationskräfte) nicht ausreichend vorhanden wären, ließ auf Mängel in der Personalbedarfsplanung und der Personalbeschaffung oder aber — in bezug auf die Kapazität — auf eine Überlastung mit Aufträgen schließen. Von zwei Hauptabteilungen wurde darauf hingewiesen, daß die für die Forschungsarbeit erforderlichen Schreibkräfte nach einem für die Bundesbehörden geltenden Schlüssel ermittelt würden. Die Anwendung von Bezugszahlen für verwaltende Behörden auf ein Forschungsinstitut wurde jedoch als wenig sinnvoll angesehen.

Die Wahrnehmung der Funktionen *Information und Kontrolle* war durch die vorgefundene Situation bei den Funktionen Planung und Organisation weitgehend vorbestimmt. Da hauptabteilungs- und institutszielbezogene SOLL-Ansätze für die Stellen und für die Haushaltsmittel fehlten, waren entsprechende SOLL-IST-Vergleiche ausgeschlossen und auch Abweichungsanalysen nicht möglich.

Diesen im Hinblick auf die Gesamtsituation des Instituts zu konstatierenden Mängeln standen teilweise differenzierte Instrumentierungen innerhalb der einzelnen Hauptabteilungen gegenüber, die jedoch voneinander verschieden waren.

Auch bei den Funktionen *Motivation und Personalentwicklung* waren starke Differenzierungen zwischen den Hauptabteilungen erkennbar. Die seinerzeit bestehenden stellenplanmäßigen Möglichkeiten konnten wegen fehlender Angebote auf dem Arbeitsmarkt nicht voll genutzt werden. Wie im öffentlichen Dienst im Erhebungszeitraum üblich, waren explizite auf die individuelle Beanspruchung und Leistung auszurichtende „Entlohnungsanreize" und „Karriereplanungen" nicht vorhanden. Verbleibende Möglichkeiten wurden verschieden gehandhabt und z. T. kontrovers hinsichtlich der Notwendigkeit und Machbarkeit beurteilt.

Im Rahmen der erfragten Angaben hinsichtlich des formellen und informellen Bestehens von Regelungen fiel der hohe Anteil informeller, d. h. nicht konkret nachweisbarer und allgemein durchsetzbarer Ansätze auf.

Zusammengefaßt konnten auf der Basis unserer Erhebungen zu den Managementinstrumenten bei den leitenden Funktionsträgern folgende erste Feststellungen getroffen werden:

— Die *individuellen Entwicklungen* der Instrumente in den Hauptabteilungen waren *differenziert* und z. T. sehr weit ausgebildet.

— *Zentrale Managementfunktion* (wie bereichsweise Finanz- und Haushaltsplanung, bereichsweise Budgetkontrolle und qualifizierte Personalbedarfsplanung) fehlten oder waren *unterentwickelt*.

— Integration von Forschungs- und Finanzplanung, formalisierte Rückkopplungsprozesse vom Forschungsaufgabenvollzug zur Planung sowie projektbezogene Ausgabenaggregationen konnte ebenfalls nicht festgestellt werden.

— Da in der Instrumentierung zwischen den Hauptabteilungen starke Unterschiede bestanden, die Instrumente aber in der praktischen Anwendung eingeführt waren, ließ sich voraussehen, daß *integrierende Veränderungen schwierig* und ohne Motivierung der betroffenen Abteilungen nahezu unmöglich sein würden.

— Die *Voraussetzungen* zur Ausübung zentraler Managementfunktionen für das ganze Institut, wie sie zum Beispiel für die *Anwendung eines Programmhaushalts* notwendig gewesen wären, waren nicht vorhanden. Das heißt, daß flankierende Maßnahmen für die Einführung eines Programmhaushalts ein besonderes Gewicht erhalten mußten. Diese Maßnahmen waren auch im Bereich der mitzugestaltenden Managementkonzeption anzusiedeln.

4. Hinweise auf Verbesserungsnotwendigkeiten durch Leitung und Mitarbeiter des BBF

a) Zur Vorgehensweise

Die Grundsätze der partizipativen Systemanalyse sehen die aktive Beteiligung der Mitarbeiter der untersuchten Institution am Analyseprozeß — insbesondere bei der Ziel- und Problemanalyse — vor, weil einerseits auf die Systemkenntnisse der Mitarbeiter nicht verzichtet werden kann und weil diese andererseits später die zu entwickelnden Instrumente handhaben und dazu motiviert sein müssen.

Aus schon erwähnten Gründen konnte dieser Ansatz nur in verkürzter Form angewandt werden, indem zwei repräsentative Mitarbeitergruppen (eine Gruppe der leitenden und eine Gruppe der forschenden Mitarbeiter) gebildet wurden. Diese wurden getrennt um die Artikulation von Managementproblemen gebeten, wie sie von ihnen gesehen wurden.

Das angewandte Verfahren resultiert aus der Annahme, daß mutmaßlich notwendige Verbesserungen im BBF auf Dauer nur durch Verhaltensänderungen der leitenden und forschenden Mitarbeiter in ihrem Zusammenwirken zu erzielen sind. Von außen vorgegebene Instrumente reichen dafür nicht aus.

Deshalb kam den Ergebnissen der Problemanalyse eine doppelte Bedeutung zu: Einerseits wurde klar, welche Schwierigkeiten im Bewußtsein der Mitarbeiter besonders gravierend sind. Andererseits wurde durch die offene und gezielte Diskussionsmöglichkeit ein intensiver Informationsaustausch möglich, der ad hoc zur Korrektur von Mißverständnissen führen konnte. Wir sind daher der Meinung, daß trotz der notwendigerweise verkürzten Systemanalyse einigermaßen verläßliche Aussagen über die Problemursachen des BBF gewonen wurden. Dies kam auch in den Abschlußpräsentationen zum Ausdruck.

Die sich in Gruppensitzungen und Interviews offenbarende Grundtendenz der Beziehungen der Mitarbeiter zu ihrer Arbeit war in zweierlei Hinsicht bemerkenswert: Erstens zeigte sich eine ausgesprochen hohe Identifikation mit den Aufgaben der beruflichen Bildungsforschung sowie eine entsprechend hohe Motivation. Diese Feststellung war nach den uns in den Vorverhandlungen über die Studie zugegangenen Informationen überraschend. Gleichzeitig bestätigte sich damit allerdings die in der Organisationsliteratur akzeptierte These, daß für die Erfolge einer Institution das personelle Engagement nicht ausreicht, sondern daß es auch auf die *Art* und das *Zusammenspiel aller Managementinstrumente* ankommt[5]. Zweitens war eine ausgesprochen gereizte Stimmung beim Beginn der Untersuchung nicht zu verkennen, die mutmaßlich auf die zahlreichen externen und internen „Verbesserungsdebatten" und den Umstand zurückzuführen war, daß eine Reihe von Mitarbeitern des Instituts mit dem Untersuchungsauftrag erst nachträglich bekannt gemacht wurde. Dementsprechend wurde von uns auch die — sich später in Kooperationsneigung umwandelnde — anfängliche Abwehrreaktion der beiden Gruppen als ein für solche Situationen typisches Phänomen gewertet[6].

Da die in den Gruppensitzungen erfolgten Problemnennungen SOLL-Vorstellungen über den Führungsprozeß aus der Perspektive der Befragten voraussetzen, waren sie gleichzeitig als Vorschläge zu verstehen.

---

[5] Vgl. z. B. Harold J. Leavitt, Applied organization change in industry: Structural, technological and humanistic approaches, in: James G. March (ed.), Handbook of Organizations, Chicago 1965, S. 1144 f. Das von ihm diesbezüglich entwickelte graphische Schema, das die Abhängigkeiten von Strukturen, Aufgabe, Technologie, Umwelt und Mitarbeitern aufzeigt, ist inzwischen weitverbreitet; vgl. z. B.: Senatsamt für den Verwaltungsdienst, Hamburg, Managementsysteme — Systeme und Methoden des Managements in der Hamburger Verwaltung, Hamburg 1973.

[6] Als Beispiel sei der Hinweis aus dem Teilnehmerkreis an den Gruppensitzungen auf die „Kosten einer erneuten zweistündigen Gruppensitzung" genannt.

Die von den Gruppenmitgliedern einzeln abgegebenen Problemnennungen wurden folgenden Arbeitsschritten unterworfen:

— Die Probleme wurden im Plenum einzeln verlesen, gegebenenfalls kurz erläutert und mit Doppel- oder Mehrfachnennungen vereinigt, so daß möglichst nur verschiedenartige Problemnennungen erhalten blieben.
Mehrfachnennungen wurden vermerkt.

— Diese Nennungen wurden nach den schon erwähnten und in der Aufstellung auf Seite 61 enthaltenen Hauptfunktionen gegliedert. Zusätzlich wurde die Kategorie „externe Einflüsse" hinzugefügt. Mit den Zusatzkategorien sollten einerseits Probleme eingefangen werden, die nicht aus dem internen Management herrühren. Andererseits sollten unter dem Begriff „Führungsprinzipien" grundlegende Verhaltensweisen im Führungsprozeß angesprochen werden, die Probleme im Arbeitsprozeß nach sich ziehen.

— Die klassifizierten Probleme wurden schließlich gewichtet, indem jedes Gruppenmitglied insgesamt fünf Punkte auf die verschiedenen Problemnennungen vergeben konnte. Damit entstanden für jedes Problem Punktzahlen, die als *Problemgewicht* oder *Problembedeutung* angesehen wurden.

Die Ergebnisse der beiden Gruppen konnten nach dem gewählten Verfahren sowohl kombiniert als auch gegenübergestellt und verglichen werden. Für Darstellungszwecke werden die Punktwerte in Prozentangaben umgerechnet.

b) *Bedeutung der Probleme nach Hauptgruppen*

Auf Basis der Hauptgruppen der Problemnennungen ergibt die Umrechnung der Bewertungspunkte in Prozente und die Durchschnittsbildung beider Gruppen die in Tabelle 3 wiedergegebenen Rangfolgen und Problemgewichte.

Der Ausweis der Prozentzahl bedeutet nicht, daß die Zuordnung der einzelnen Problemnennungen zu den gewählten Obergruppen stets eindeutig war. Vielmehr wurden — schon bedingt durch z. T. ähnliche und sich überschneidende Nennungen — die Zuordnungen in Übereinstimmung zwischen den Autoren und den Befragten im Rahmen der Analyse ad hoc vorgenommen. Demzufolge können die ermittelten Zahlen als Anhaltspunkte für die erlebten Problemgewichte dienen.

Bevor die Befragungsergebnisse detaillierter dargestellt und interpretiert werden, kann bereits eine bemerkenswert weitgehende Übereinstimmung in den Inhalten und Gewichtungen der einzelnen Aspekte seitens der Leitung und der Mitarbeiter konstatiert werden[7].

Tabelle 3
Ergebnis einer Befragung nach Hauptproblembereichen

Problemgruppe:	Problemgewichte		
	„Leitende"	„Forschende"	Durchschnitt
Externe Einflüsse	23	31	27
Organisation	24	26	25
Führungsprinzipien	20	10	15
Zielbildung	13	9	11
Planung	8	6	7
Information	6	7	6,5
Personalentwicklung und Motivation	5	8	6,5
Kontrolle	1	3	2
	100	100	100

Zu den dennoch verbleibenden Abweichungen in den Hauptgruppen lassen sich folgende Hinweise geben: „Externe Einflüsse" empfinden die forschenden Mitarbeiter, in deren täglichen Arbeitsprozeß eingegriffen wird, vermutlich direkter. Unter dem Begriff „Führungsprinzipien" werden Fragen der Zusammenarbeit im Leitungsbereich subsummiert. Die Gewichtungsdifferenzen zum Punkt „Personalentwicklung und Motivation" lassen sich auch aus der unterschiedlichen Beurteilung spezieller Personalentwicklungsmaßnahmen erklären. Die leitenden Mitarbeiter sahen den „Personalmangel" im Mittelpunkt, während die forschenden Mitarbeiter eine intensivere und qualifiziertere Sachdiskussion in Forschungsangelegenheiten mit ihren Vorgesetzten wünschten.

---

[7] Diese Übereinstimmung erhöhte sich hinsichtlich der zugrunde liegenden Problemnennungen bei einer nochmaligen Überprüfung des im Mai 1974 vorgelegten Gutachtens anhand der Aufzeichnungen über die Problemnennungen und Gewichtungen. Hier wurde nämlich die Zuordnung der Problemnennung in ihrer Gewichtung noch einmal überprüft.

c) Die Ergebnisse im einzelnen

Die differenzierte Erörterung der Problemnennungen ist notwendig, um anschließend überprüfen zu können, ob diese

— durch Einführung und Benutzung eines Programmhaushalts beseitigt werden können und ob

— die möglicherweise dann noch bestehenbleibenden Probleme nicht die verhaltensdominanten sind, womit durch den Programmhaushalt nur ein Teilerfolg erzielt wäre.

(1) Die Bedeutung externer Einflüsse für die Führungsprobleme

Leitung und Mitarbeiter halten hier die Außeneinflüsse für sehr hoch. Es wird festgestellt, daß die bestehenden Abläufe des Entscheidungsprozesses zu häufigen Prioritätenänderungen führen. Für diese Veränderungen werden auch zu hohe und zu kurzfristig veränderte externe Ergebniserwartungen verantwortlich gemacht. Die Mitarbeiter fordern einen breiteren Raum für die wissenschaftliche Klärung von Problemen der Berufsbildungsreform.

Das außerordentliche Gewicht, das den unter „externe Einflüsse" zusammengefaßten Problemen aus Sicht der Mitarbeiter zugeordnet wurde, erfordert eine — insbesondere für Außenstehende notwendige — Erläuterung. Das Ergebnis war in diesem Ausmaß zunächst auch für uns überraschend. Ursachen sind unseres Erachtens wahrscheinlich einerseits in Auswirkungen der erwähnten, für das BBF gewählten und gesetzlich verankerten Gründungskonzeption und andererseits in Folgen zu sehen, die sich aus der Stellung des Bundesministeriums für Bildung und Wissenschaft als übergeordnete Behörde des Bundesinstituts für Berufsbildungsforschung ergeben.

Ob die als „externe Einflüsse" bezeichneten Probleme tatsächlich auf die Gründungskonzeption und die Stellung des Bundesministeriums zurückzuführen sind oder aber ob sie — auf den ersten Blick kaum erkennbar — Nebenfolgen beabsichtigter Funktionsweisen des BBF darstellen, erscheint als eine Kernfrage der Analyse. Es ist dies die bereits angeschnittene Frage nach der *Funktionsbestimmung* des BBF, die in den Diskussionen im Rahmen unserer Analyse nicht immer deutlich genug angesprochen wurde. Überdies konnten wir generell feststellen, daß manche Forderungen nach einer effizienten Führung des BBF bestimmte, aber nicht hinterfragte Funktionsbestimmungen stillschweigend voraussetzen, die sich nicht aus den bei Gründung des Instituts möglicherweise und anscheinend verfolgten Strategien entwickeln ließen. Die Diskussion der Funktionsanalyse für das BBF hat also eine so vorrangige Bedeutung, daß allein aus den angesprochenen Problemnennungen die Notwendigkeit einer systematischen Ziel- und Programmklärung begründet werden kann.

Auch die Problemnennungen, die eine „relative Autonomie der Forschungshauptabteilungen" erwähnen, werden von den Verfassern als Hinweis auf Probleme der Funktionsbestimmung verstanden. In diesen Problemnennungen kommt nämlich zum Ausdruck, daß Umfang, Inhalt und Richtung notwendiger Forschungen aus der Sicht der einzelnen Fachabteilungen lebhaft diskutiert und — wie auch zwischen den Ressorts anderer öffentlicher und privater Institutionen — nicht einheitlich beurteilt werden. Als eine letzte Koordinationsinstanz kann dann der nach § 61 und 62 BBiG zusammengesetzte Hauptausschuß tätig werden, indem im Bereich gemeinsamer Festlegungen entsprechende Entscheidungen getroffen werden.

Diese relative Autonomie wirkte sich in vielfältigen Aspekten auf die Institutsarbeit aus: Auf eine zurückgebliebene BBF-interne Koordination der Forschung, soweit die organisatorischen Grenzen der Forschungshauptabteilungen zu überschreiten wären, auf die Möglichkeiten eines strafferen Durchgriffs von zentraler Stelle, auf die zeitaufwendigen Erörterungen zwischen den Forschungshauptabteilungen und den verwaltenden Abteilungen, die als Träger zentraler Querschnittsaufgaben dem Präsidenten unterstehen[8], auf die unterschiedlichen Personaleinstellungspolitiken usw.

Hinsichtlich der individuellen Beurteilung der Tätigkeiten des Instituts führt eine unterschiedliche Funktionsauffassung selbstverständlich zu ganz unterschiedlichen Ergebnissen: Wird angenommen, daß das Institut primär Grundlagenforschung auf dem Gebiet der Berufsbildung nach wissenschaftlichen Methoden und Kriterien zu betreiben habe, so erscheinen Arbeiten an kurzfristigen, konfliktreichen Einzelproblemen als weniger erforderlich. Wird angenommen, daß die Funktion des Instituts wesentlich in der Vorbereitung einer begründeten Meinung im politisch-administrativen Bereich besteht, so sind wiederum theoretische Ansätze und langfristige Grundlagenarbeiten von geringerem Stellenwert. Je nach Funktionsinterpretation läßt sich die Institutstätigkeit als zu politisch oder zu unpolitisch darstellen. Je nach gewählter Funktionsinterpretation haben auch die Mitbestimmungsvorstellungen der Mitarbeiter einen unterschiedlichen Stellenwert.

Die zweite genannte Gruppe externer Einflüsse resultiert aus Einwirkungen des BMBW und des Hauptausschusses. Die Hauptproblemnennungen betreffen hier Störungen in der Abwicklung einmal aufgestellter Forschungsprogramme durch das übergeordnete Ministerium

---

[8] Im einzelnen wäre allerdings zu überprüfen, inwieweit die von den Forschern behauptete Überorganisation tatsächlich zu Recht bemängelt wird.

bzw. durch die von diesem delegierten „ad hoc-Aufgaben" und Sonderaufträge wie Gutachtertätigkeit, Wahrnehmung von Sitzungen, Beratung des Ministeriums usw. Diese Aktivitäten, oft kurzfristiger Art, machten offenbar beachtliche Prozentanteile der Arbeitszeit aus und ließen die verabschiedeten Forschungsprogramme als nur wenig einflußreich erscheinen. Unter Gesichtspunkten der Funktionsbestimmung ist es auch unumgänglich, daß aus der Zusammenarbeit mit dem Ministerium resultierende Kurs- bzw. Prioritätenänderungen nicht allen Beteiligten zwangsläufig notwendig und sinnvoll vorkommen, so daß Kursänderungen aus der Sicht einer anderen Funktionsbestimmung als Instabilität in einer kontinuierlicher gewünschten Entwicklung gesehen werden.

Diese Aspekte mögen genügen, um die behauptete Bedeutung der Funktionsanalyse für das BBF zu begründen, die unseres Erachtens zu überdenken wäre, bevor mit Eingriffen in die Managementinstrumente operiert wird. Insbesondere der Programmhaushalt mit seiner auf Herbeiführung einheitlicher, aufeinander abgestimmter Aktivitäten gerichteten Strategie enthält — wie schon hier ersichtlich werden sollte — beachtliche Implikationen im Hinblick auf die festzulegende Funktion einer Behörde.

Gehen wir nun zur grundsätzlichen Problematik der Funktionsbestimmung über. Man kann für eine beliebige Institution wenigstens eine der drei nachfolgend erörterten *Funktionen*[9], das heißt aus Sicht der „zu beliefernden" Umwelt gewünschte Umwandlungen von Inputs zu Outputs, als möglich nachweisen. Im Mittelpunkt der von einer Institution erwarteten Outputs kann zunächst die *Meinungsbildung* über Handlungsmöglichkeiten in einem Aufgabengebiet, etwa der Berufsbildungsforschung, stehen. Dann empfiehlt es sich, ein Abbild des pluralistischen gesellschaftlichen Systems auch in der betreffenden Behörde zu verankern. Eine Vereinheitlichung der auszuführenden Aktivitäten nach bestimmten inhaltlichen Ergebnissen, wie sie ein ernst zu nehmender übergreifender Programmhaushalt erforderte, würde hier eher ideenverarmend wirken.

Eine davon abweichende Funktionsbestimmung läge vor, wenn die Aufgabe einer Institution über die Meinungsbildung oder Schaffung von möglichen Aufgaben hinaus auch in der *Ausführung* als wichtig erkannter Aktivitäten, in der Produktion also, gesehen wird und wenn

---

[9] Zur Problematik der Funktionsbestimmung im Zusammenhang mit dem Programmhaushalt vgl. Heinrich Reinermann, Nutzenstiftung und Grenzen des Programmhaushalts in öffentlichen Verwaltungen, in: Herbert R. Haeseler (Hrsg.), Gemeinwirtschaftliche Betriebe und öffentliche Verwaltungen, Sonderheft 5/76 der Zeitschrift für betriebswirtschaftliche Forschung, Opladen 1976, S. 137 - 150, hier S. 145 ff.

diese Ausführungstätigkeit *nach einheitlichen Richtlinien* — etwa der Politik einer Regierung oder eines Ministeriums — erfolgen soll. In diesem Falle muß dafür gesorgt werden, daß als richtig und notwendig erkannte politische Richtungen durch wirksame Managementinstrumente durchgesetzt und überprüft werden können. Zum Beispiel würde eine solche Funktionsbestimmung zur Folge haben müssen, daß etwa Forschungsaktivitäten auf dem Gebiete der Unterrichtsrationalisierung und -effektuierung durch EDV (computergestützter Unterricht usw.) auch dann in einer dafür zuständigen Institution zur Ausführung gelangen, wenn ein Teil der Mitglieder aus eigener Überzeugung einer solchen Unterrichtsgestaltung ablehnend gegenübersteht. Diese Funktionsauffassung schließt im übrigen — und das ist gerade im Falle des BBF bedeutsam — eine Mitarbeiterpartizipation keineswegs aus. Nur beschränkt sie sich auf die Möglichkeiten in sogenannten „two-state-organizations". Hierunter versteht man Institutionen, deren Organisationsprinzipien zwei verschiedenartige, im Zeitablauf aufeinanderfolgende „Zustände" zulassen — einen mehr partizipativ-kooperierenden und einen mehr dirigistisch-durchsetzungsorientierten[10]. Auf die hier betrachtete Funktionsvariante bezogen bedeutet dies etwa, daß auf eine Phase der Meinungsbildung und partizipativen Beschlußfassung durch alle Beteiligten eine Phase der zentral überwachten Durchführung des Beschlossenen folgt, wobei auch die Überstimmten mitwirken (oder aus der Institution ausscheiden) müssen.

Bei einer dritten denkbaren Funktionsauffassung geht es ebenfalls über die Meinungsbildung hinaus um praktische Durchführungsarbeit. Allerdings geht man hier nicht von der Vorstellung einer „two-state-organization" aus. Vielmehr *verzichtet* man auf die Erarbeitung und *Durchsetzung eines in allen Teilen einheitlichen* und *aufeinander abgestimmten Programms*. Grund dafür kann sein, daß das Arbeitsfeld der betreffenden Institution hinsichtlich der anzustrebenden Ziele und Aktivitäten komplex oder kontrovers ist, so daß für eine einheitliche Programmausrichtung nicht die notwendige eindeutige Informationsbasis gegeben ist und zentral abgestimmtes Handeln vergleichsweise mehr Fehlermöglichkeiten mit sich bringen kann. Bei einer solchen Funktionsauslegung können zwar unkoordinierte Projekte zustandekommen, jedoch ist auf der anderen Seite auch in einem höheren Maße die gleichzeitige Berücksichtigung mehrerer Interessen denkbar, als dies bei einem — wenngleich nach Debattierung — mehrheitlich, also zentral abgestimmten Programm möglich ist.

---

[10] Vgl. unter anderem Herbert A. Shepard, Patterns of Organization for Applied Research and Development, in: H. J. Leavitt und L. R. Pondy (eds.), Readings in Managerial Psychology, The University of Chicago Press, Chicago und London 1964, S. 474 f.

Insbesondere diese Variante macht deutlich, daß Fragen der Funktionsbestimmung von Behörden wichtige Charaktermerkmale unseres politischen Systems betreffen, das im Hinblick auf die Einwirkungsmöglichkeiten der gesellschaftlichen Interessengruppen als pluralistisch bezeichnet wird. Einbußen an durchgängiger Planung und Koordination, die manchem auf den ersten Blick unbehaglich sein mögen, sind so gesehen systemkonform und — soweit anstehende Aufgaben komplex und kontrovers sind — im gesamten öffentlichen Bereich nachzuweisen[11]. Es erscheint als überaus wichtig, sich über den Sinn solcher Einwirkungsmöglichkeiten, die allerdings nicht notwendig in einer formalisierten Weise, wie sie im BBF vorzufinden ist, vorgesehen sind, Klarheit zu verschaffen. Denn wenn man die pluralistische Entscheidungsfindung in einer Institution aus den oben angedeuteten Gründen bejaht, dann muß man zu einem gewissen Teil auch die Nebenfolgen im Hinblick auf gemeinsame Planung und Koordination in Kauf nehmen. Man befindet sich insoweit in einem Dilemma.

Die — für sich allein betrachtet — unerwünschten Nebenfolgen mit einem Programmhaushalt zu bekämpfen, hat also Rückwirkungen auf die Funktion einer Behörde, die gern übersehen werden und auf die wir deshalb nachdrücklich hinweisen wollen. So betrachtet, sind nicht sämtliche in der Diskussion um das BBF geäußerten Probleme notwendigerweise als Mängel anzusehen. Dies gilt entsprechend für einige Aspekte der nachfolgend behandelten Problemgruppen.

(2) Organisation

Leitung und Mitarbeiter setzen sich mit dem Verhältnis von Forschungs- und Verwaltungsleistungen auseinander. Außerdem wird mit hohem Stellenwert auf die Problematik der „relativen Autonomie" in den Abteilungen hingewiesen. Daß die Organisation der Kooperation bei den verschiedenen Koordinierungsbestrebungen Schwierigkeiten bereitet, kommt in Hinweisungen auf bestehende Überlastungen und dem Wunsch nach genaueren Kompetenzabgrenzungen zum Ausdruck. Die Mitarbeiter fordern mehr Partizipation an der Planung theoretischer und praktischer Vorhaben. Leitung und Mitarbeiter sehen das Problem möglicher Mehrfachbearbeitung gleicher Themenstellungen.

In den Problemnennungen zur Organisation — wie auch zu den weiteren Managementfunktionen — spiegeln sich zu einem großen Teil die externen Einflüsse wider, so daß hier nicht mehr im einzelnen darauf eingegangen werden muß. Genannt wurden: Die organisatorische

---

[11] Vgl. die hierzu grundlegenden Werke von Charles E. Lindblom, The Intelligence of Democracy, New York 1965 sowie Aaron Wildavsky, The Politics of the Budgetary Process, Boston 1964.

Abgrenzung zwischen Hauptausschuß und den anderen Institutseinheiten, organisatorische Probleme in der Zusammenarbeit zwischen zentraler Leitung und Hauptabteilungen, das Fehlen klarer Kompetenzabgrenzungen, insbesondere auch das mehrfache Bearbeiten von Forschungsaufgaben, ohne daß ein formaler Kontakt zwischen den Forschern bestünde, ein als zu groß empfundenes Ausmaß an Fremdforschung gegenüber der Eigenforschung, wodurch ja ebenfalls die Gestaltungsmöglichkeiten des Instituts reduziert werden und wodurch eine Mehrbelastung des BBF bei unzureichender oder thematisch nicht passender Qualifikation der Fremdforscher entstehe, das Fehlen von an sachlichen Fragestellungen orientierter, abteilungsübergreifender Projektorganisation sowie generell eine unzureichende Koordination innerhalb des BBF bzw. in seinem Verhältnis zu externen Institutionen.

Verbesserungsmöglichkeiten der Forschungsprojekt-Organisation wurden — mit Ausnahmen — aber auch abteilungsintern gesehen.

Auf die vor allem aus Sicht der Hauptabteilungsleitungen, aber — mit geringerem Gewicht — auch aus Sicht der forschenden Mitarbeiter als Überorganisation empfundenen Verwaltungsverfahren sowie den möglichen Zusammenhang zur „relativen Autonomie" wurde schon eingegangen. Deutlich wurde auch die große Zahl erfolgloser sowie nicht die Forschung betreffender Sitzungen hervorgehoben.

Die forschenden Mitarbeiter erblickten ein Hauptproblem in der organisatorisch nicht vorgesehenen Partizipation an Projektauswahl, -durchführung und -verwertung. Auch hier werden wieder Bezüge zu den Bestrebungen nach Autonomie in den Forschungshauptabteilungen sichtbar.

Schließlich wurde auf organisatorische Probleme der Zuordnung von Forschungsaufgaben auf Stellen hingewiesen, die daraus entstehen, daß Experten für Teilaufgaben fehlen bzw. daß man sich bei der Personalausstattung von Projekten mehr an den offiziellen Geschäftsverteilungshinweisen für die Stelleninhaber als an deren fachlicher Qualifikation ausrichtet.

(3) Führungsprinzipien

Die erwähnten Unterschiede zwischen Leitung und Mitarbeitern kommen hier dadurch zum Ausdruck, daß im Leitungsbereich eine straffere Wahrnehmung der Führungsaufgaben für erforderlich gehalten wird, während bei den Mitarbeitern der Freiraum für wissenschaftliche Arbeit für zu gering gehalten wird. Beide Gruppen halten das praktizierte Management durch die Anwendung bekannter Managementprinzipien für verbesserbar.

Die Problemnennungen machten sowohl externe Einflüsse als auch personelle Frustrationen deutlich. Externe Einflüsse tauchten in Form von Hinweisen auf den zu geringen Durchgriff der Zentralinstanz bei gleichzeitigen Tendenzen zur Durchsetzung von Eigeninteressen in den Hauptabteilungen wieder auf. Im übrigen bewegten sich die Problemnennungen vor allem auf dem Gebiete der Leitung von Forschungsprojekten. Bemängelt wurde eine zu geringe Einschaltung der Hauptabteilungsleiter in die aktive Forschung, was man zum Teil mit Überlastung durch Management- und Verwaltungsaufgaben erklärte. Bei leitenden und forschenden Mitarbeitern wurde der Wunsch nach größeren Freiräumen für die ergebnisorientierte Durchführung zugewiesener Aktivitätsbereiche deutlich.

Aus beiden Problemgruppen läßt sich eine Reihe von Mängeln erklären, die durch den erheblichen Kommunikationsaufwand im Führungsprozeß bedingt sind. Zwangsläufig geht die für Koordination und Debatten benötigte Zeit zu Lasten der Forschungsarbeit und der Arbeitsbeziehungen mit den Mitarbeitern.

(4) Zielbildung

Beide Gruppen halten hier die weitergehende Klärung übergeordneter Zielvorstellungen für wünschenswert. Es besteht die Vorstellung, daß das Institut bildungspolitisch differenziertere Vorgaben erhalten könnte. Beklagt wurden — vermutlich für sogenannte ad hoc-Aufgaben — der Termindruck und die zu genaue Aufgabenbeschreibung.

Vor allem — aber nicht ausschließlich — von Forschungsseite wurde auf eine in zu geringem Umfang erfolgende Einarbeitung von Grundlagenforschung in die Projekte hingewiesen. Gleichzeitig wurde mehr Grundlagenforschung als Tätigkeitsbereich des BBF überhaupt gefordert.

(5) Planung

Zum Funktionsbereich Planung äußern Leitung und Mitarbeiter Unzufriedenheit über den zu geringen Zeithorizont der Pläne und zur mangelnden Bereitschaft zu den erforderlichen Abstimmungen. Offenbar werden solche Planungen zwar für möglich gehalten, obwohl klar erkannt wird, daß die inhaltlichen Koordinationen bildungspolitischer Überlegungen Voraussetzungen für eine solche einheitliche Planung sind. Ohne Gewichtungspunkte, aber in deutlichen Formulierungen, wird das Problem angesprochen, daß die bestehende Projektplanung im Hinblick auf die Zuordnung von Finanzmitteln ausbaubedürftig ist.

In dieser Problemgruppe wurde ein Hauptmangel darin gesehen, daß Abweichungen zwischen den dokumentierten Forschungsplänen und der Forschungspraxis festzustellen waren. Hier wiederholen sich die im Rahmen des Gliederungspunktes „externe Einflüsse" analysierten Hinweise auf unterschiedliche Funktionsbestimmungen, nach denen Planabweichungen jeweils unterschiedlich beurteilt werden. Dies gilt auch für die geforderte Reservekapazität für ad hoc-Aufgaben.

Als technische Planungsmängel erscheinen dagegen Hinweise auf die Zersplitterung der Kräfte (zu viele Aufgaben auf einmal) und auf die Lücke zwischen Ressourcen- und Forschungsplanung. Die Stellenverteilung sollte mehr an Projektgesichtspunkten ausgerichtet sein. Die mit dem BBF verbundenen Output-Erwartungen waren nicht mit der Kapazitätsplanung abgestimmt. Die Adressaten für diese Problemnennungen waren in erster Linie der Hauptausschuß und in Sonderheit das BMBW.

Auch die Planungsvorgänge selbst wurden hinsichtlich einer durchgängigeren Systematik und Ausrichtung an einer Gesamtkonzeption für verbesserungsfähig gehalten. Daneben wurden der verstärkte Übergang zu projektbezogener Finanzplanung (z. B. auch, was Reisemittel, Hilfskräfte usw. anbelangt) gefordert.

(6) Information

Auch in dieser Problemgruppe ist zwischen internen und externen Informationsproblemen zu unterscheiden. Institutsintern wurde auf Verbesserungsfähigkeiten im vertikalen und horizontalen Informationsfluß hingewiesen. Dies gilt sowohl hinsichtlich der Kommunikation in der Hierarchie als auch hinsichtlich der für wissenschaftliche Arbeitsprozesse regelmäßig wichtigen informationellen Verknüpfung zwischen unterschiedlichen Bereichen. Insbesondere wurde bemängelt, daß eine transparente Übersicht über die Gesamtheit der Forschungsprojekte und der daran beteiligten Mitarbeiter nicht bestand. Darüber hinaus wurde eine Verbesserung der das gesamte Feld der Berufsbildungsforschung betreffenden Dokumentation seitens der zuständigen Serviceabteilungen gefordert.

Bei den Informationsbeziehungen des BBF zu seiner Umwelt gibt es eine passive und eine aktive Komponente. Zur ersteren kann man rechnen, daß häufig von nicht ausreichenden Kontakten zwischen dem BBF einerseits sowie der wissenschaftlichen Forschung und der Arbeit verwandter Institutionen andererseits die Rede war. Die Informationsbeziehungen zwischen dem neuetablierten Institut und der Öffentlichkeit sowie anderen wissenschaftlichen Einrichtungen und Universitäten sollten nach Ansicht der Leitung des Instituts und der Mitarbeiter ausgebaut werden. Aber auch innerhalb des engeren Arbeitszusammenhangs zwischen BMBW und dem Institut wurde eine weitergehende Information gewünscht. Diese sollte sich nach Ansicht der Befragten vor allem darauf beziehen, welche mit der Berufsbildungsforschung zusammenhängenden Projekte von anderen Institutionen abgewickelt werden.

In aktiver Hinsicht wurde eine erhebliche Verbesserung der Öffentlichkeitsarbeit des BBF gefordert. Unter den Problemnennungen wog der Mangel an gezielter externer Kommunikation deshalb besonders schwer, weil hier ein Widerspruch zum Gesetzesauftrag zu sehen war.

(7) Personalentwicklung und Motivation

Im Bereich Personalentwicklung und Motivation sehen beide befragten Gruppen technische Abweichungen zu SOLL-Vorstellungen quantitativer und qualitativer Art. Während im Leitungsbereich Personalmangel und fehlende Weiterbildungsmöglichkeiten als Hauptmängel angeführt werden, wünschen die Mitarbeiter das bereits erwähnte stärkere fachliche Engagement der Führungskräfte. Sie wünschen auch eine veränderte Personalausstattung in den Forschungsabteilungen durch Zuordnung von Verwaltungsfachleuten. Auch sollten Mitarbeiter der Forschungsabteilungen in Verwaltungstechnik geschult werden, damit die Zusammenarbeit mit der Verwaltung vereinfacht würde.

Auf die inhaltliche Diskrepanz in der Einschätzung dieser Problemgruppe durch Leitung (Personalmangel) und forschende Mitarbeiter (qualifiziertere Kooperation mit Führung) wurde schon hingewiesen. Daneben wurde auch das soziale Klima für verbesserungswürdig gehalten.

(8) Kontrolle

Zur Kontrollfunktion erfolgten nur sehr wenige Nennungen. Der auf den Leitungsbereich zurückgehenden Forderung nach Ausbau der Durchführungskontrollen stand ein von den Mitarbeitern empfundener Leistungsdruck gegenüber. Hier könnte man auch auf Auswirkungen des bereits erwähnten mangelnden Realitätsbezugs der Planung schließen.

IV. Kapitel

Eignung des Programmhaushalts und anderer Managementinstrumente für das BBF

1. Erläuterung der Prüfkriterien

Der Programmhaushalt und die mit ihm einzuführenden, komplementären Managementinstrumente sind nicht in jedem Falle zu empfehlen. Vielmehr hängt ihre Eignung von Voraussetzungen ab. Diese Voraussetzungen stellen damit Prüfkriterien dar. Wenn die Kriterien erfüllt sind, wären der Programmhaushalt und die anderen Managementinstrumente zu bejahen.

Diese Prüfkriterien werden hier in drei Gruppen geteilt, die wir „generelle", „institutionsspezifische" und „problemanalytisch bedingte" nennen wollen. Unter den *generellen Prüfkriterien* sind Voraussetzungen zusammengefaßt, die unseres Erachtens in jeder Institution vorhanden sein müßten, die sich des Programmhaushalts und der hier postulierten Managementinstrumente bedienen will.

Als *institutionsspezifische Prüfkriterien* werden solche Bedingungen als BBF-spezifisch formuliert, die ebenfalls für die genannten Instrumente erforderlich sind, nach unseren Voruntersuchungen jedoch speziell im BBF nicht ohne weiteres als erfüllt gelten konnten.

Die *problemanalytisch bedingten Prüfkriterien* bestehen schließlich in Form der Fragestellungen, inwieweit die im einzelnen in der Problemanalyse ermittelten zentralen Probleme durch die vorgefundenen Instrumente gelöst werden könnten.

Die generellen und institutionsspezifischen Prüfkriterien werden in den nachfolgenden Abschnitten erläutert. Diese Prüfkriterien wurden im Untersuchungsprozeß zur Formulierung von Fragen verwendet, die von den leitenden Mitarbeitern des Instituts beantwortet wurden. Die generellen und speziellen Kriterien sind mit den Antworten aus den Befragungsaktionen in Abbildung 7 wiedergegeben.

Die sogenannten *problemanalytisch bedingten Prüfkriterien* werden — wie auch die Einzelprobleme der Problemanalyse — nicht tabellarisch aufgeführt. Sie werden vielmehr in den Hauptpunkten im Abschnitt 4. dieses Kapitels mit den jeweiligen Beurteilungen abgehandelt.

2. Generelle Voraussetzungen

Als generelle Prüfkriterien wurden folgende fünf Kriterien verwendet:

(1) Mit der *Gesamtzielausrichtung* wurde die Notwendigkeit einer Funktionsinterpretation angesprochen, die übergeordnete gemeinsame Zielsetzungen für die einzelnen Bereiche beinhaltete. Nur wenn eine solche Gesamtzielausrichtung der Aktivitäten des BBF tatsächlich möglich wäre, würde ein gemeinsamer Programmhaushalt für das gesamte Institut sinnvoll sein.

(2) Das Konzept des Programmhaushalts geht davon aus, daß die beschriebenen Programme realisierbar sind. Die Forderung nach *realistischen Programmen* kommt dadurch zum Ausdruck, daß eine Kombination von Zielen, Personal- und Sachmitteln beschrieben werden soll. Dort, wo realistische Programme nicht aufgestellt werden können, bleibt das Zustandekommen der Finanzdaten willkürlich. Zudem ergibt sich das Problem, daß sich aus der Aufstellung von Plänen, die nicht auf ihre Finanzierbarkeit geprüft sind, ein nachteiliger Festschreibungseffekt ergeben kann.

(3) Die Forderung nach der externen oder zumindest internen *Transparenz der Ziele* muß erfüllbar sein, da in einem Programmhaushalt die tatsächlichen Ziele für einen breiten Personenkreis nachprüfbar ausgewiesen werden müssen.

(4) Da es Ziel des Programmhaushalts ist, Aktivitäten, die zu gemeinsamen Zielen gehören, hinsichtlich eines koordinierten Ablaufs und hinsichtlich der Abrechnung zusammenzufassen, muß es möglich sein, *Projekt-(Arbeits-)Verknüpfungen* anzugeben und auszuweisen. Dies bedeutet letztlich, daß es für möglich gehalten wird, im Rahmen einer Bestandsaufnahme eine eindeutige Zuordnung der Aktivitäten zu vorher erörterten Zielen vorzunehmen.

(5) Eine weitere wesentliche generelle Voraussetzung zum erfolgreichen Einsatz des Programmhaushalts ist in dem Wunsch der Beteiligten zu sehen, *durch bessere Koordination* zu einer effizienteren Arbeit zu kommen. Dort, wo diese Koordination nicht als notwendig empfunden wird, muß das Instrument des Programmhaushaltes als zusätzliche Belastung wirken. Das heißt, die Nutzung des Programmhaushaltes würde an der Haltung der Betroffenen scheitern.

Wie aus Abbildung 7 ersichtlich, beurteilen die Befragten das Vorhandensein oder die Erreichbarkeit der geforderten generellen Voraussetzungen überwiegend positiv.

IV. Programmhaushalt und andere Managementinstrumente

Abb. 7: PRÜFKRITERIEN UND IST-ANGABEN ZU VORAUSSETZUNGEN DES PROGRAMMHAUSHALTES

IST-Angaben d. Leiter d. Organisations-Einheiten

	Prüfkriterien	P	F_1	F_2	F_3	F_4	F_5	K	V
I.	GENERELLE VORAUSSETZUNGEN								
1.	Gesamtzielausrichtung	S	S	S	S	S	S		S
2.	realistische Programme	S	S	S	NU	S	S		S
3.	Transparenz der Ziele (extern/intern)	S	SE pol. Rückk.	S	NU	S	S		S
4.	Projekt-(Arbeits-)Verknüpfungen	S	S	S	S	S	S		S
5.	Bessere Koordination	S	S	S	?	S	S		S
II.	BBF-SPEZIFISCHE VORAUSSETZUNGEN								
6.	Ermöglicht Org.-Struktur erforderliche Einigung?	N	N1)	JE bei BMBW-Zielvorgabe	N	J	N		JE Kooperat. erforderlich
7.	Planungen überhaupt inhaltlich kontrollierb. (Standards)?	J	J	JE Differenzen	JE $F_1?, F_2?$	J	JE $F_1?, F_2?$		J
8.	Partizipationsinstrumente gegen Fremdsteuerung einsetzbar?	J Durchsetzbar.	JE Effizienz?	JE Aufwand	J	J	J		JE Durchsetzbark.
9.	Zielstruktur übergreifend aufbaubar?	J	J	JE bei BMBW Zielvorgabe	J	J	JE		J
10.	Können Ausgaben Projekten zugeordnet werden?	JE2) Planreserve	JE Toleranzen	JE o. ext. Einflüsse	JE Sinn?	JE Gemeinkost.	J		JE Projekte vollständ.
11.	Personelle u. zeitliche Durchführungsvoraussetzungen gegeben?	JE einheitl. Instrumente	JE	N	N	N	J		JE wenn zentral

S = sollte sein J = ja
N = nicht vorhanden JE = ja, eingeschränkt
U = unmöglich SE = sollte sein, eingeschränkt

1) Bisherige Entwicklung in Richtung Behörde schwer vereinbar mit Forschungsschwerpunkt.
2) Planungsreserve von 40 % Zeit und Kapazität für kurzfristige Aufträge erforderlich.

Zwar wurden hinsichtlich der Übereinstimmung von Institutszielen mit Zielsetzungen des Programmhaushaltes in zwei Fällen abweichende Aussagen gemacht. Diese Abweichungen konnten sich jedoch u. E. nur dadurch ergeben, daß die gegenwärtige institutionale Eingliederung des BBF und seine bestehende Organisationsstruktur gegen die Existenz derartiger Ziele zu sprechen scheinen. Realistische Programme und eine externe Transparenz der Ziele sind jedoch für öffentlich finanzierte Einrichtungen — noch dazu auf dem Gebiet der Bildung — zumindest aus externer Sicht selbstverständlich erscheinende Forderungen.

3. Institutionsspezifische Voraussetzungen

Über die generellen Kriterien hinaus wurden als BBF-spezifische Kriterien folgende Fragen angesehen:

(6) Der Programmhaushalt erfordert eine Reihe von Abstimmungsprozessen, die im Rahmen der jeweiligen Organisation möglich sein müssen. Daher wird danach gefragt, ob die *Organisationsstruktur die erforderlichen Einigungen* durchführbar erscheinen läßt.

(7) Planungen sind nur dann wirklich sinnvoll, wenn sie später zu Überprüfungszwecken benutzt werden. Hierzu bedürfen die Planungen einer bestimmten inhaltlichen Qualität, die in der Regel in der Verwendung klarer Ergebnisstandards zum Ausdruck kommt. Dies ist mit der Frage gemeint, ob *Planungen inhaltlich kontrollierbar* sind.

(8) Im BBF ergab die Nennung von Problemen zu den externen Einflüssen, daß die mit dem Programmhaushalt geforderte Kontinuität nur dann zu sichern ist, wenn sich durch geeignete Instrumente die kurzfristigen Fremdsteuerungen der Institutsarbeit abbauen lassen. Um dies zu erreichen, kann bei der Aufstellung des Programmhaushaltes und bei der Anwendung anderer Managementinstrumente der Gesichtspunkt der Partizipation in der Zielbildung ausgebaut werden. Die Frage der Anwendbarkeit des Programmhaushaltes ist damit eine Frage nach der Anwendbarkeit von Führungsinstrumenten, die *Partizipation* zum Gegenstand haben.

(9) Die Erörterungen über die BBF-Ziele ließen die Vermutung aufkommen, daß die Notwendigkeit und Möglichkeit einer übergreifenden Zielstruktur für die gesamte Arbeit des Instituts nicht überall gesehen wird. Deshalb wurde als spezielles Prüfkriterium die Frage gestellt, ob eine *Zielstruktur übergreifend* aufbaubar sei. Nur wenn diese Frage bejaht würde, wäre eine Ordnung der Aktivitäten im Hinblick auf die Ziele und ein geordnetes Fortschreiben der Projekte möglich.

IV. Programmhaushalt und andere Mangementinstrumente 85

(10) Da im BBF die Leistungen des Instituts im wesentlichen aus dem Personaleinsatz wissenschaftlich geschulter Mitarbeiter entstehen, ist die für den Programmhaushalt notwendige Zuordnung von Ausgaben oder Kosten nur über differenzierte Erfassungen oder Selbstaufschreibungen bei den Mitarbeitern möglich. Dies konnte im Untersuchungsbereich auch an anderen Forschungseinrichtungen nicht oder nur beschränkt erreicht werden, so daß die Frage nach der *Zuordnungsmöglichkeit von Ausgaben zu Projekten* gestellt wurde. Wenn eine solche Zuordnungsmöglichkeit verneint würde, müßte die gewünschte Ausgabenzuordnung scheitern.

(11) Schließlich ist allgemein bekannt, daß die Benutzung eines entwickelten Instrumentariums sowohl qualitativ als auch quantitativ Anforderungen an die Durchführenden stellt, denen entsprochen werden muß. Soweit diese Anforderungen gegenwärtig nicht erfüllt werden können, würde es notwendig werden, spezielle Kapazitäts- und Schulungsvorkehrungen zu treffen. Nach diesen *personellen und zeitlichen Durchführungsvoraussetzungen* wurde deshalb ebenfalls gefragt.

Hinsichtlich dieser BBF-spezifischen Voraussetzungen wurden von den Befragten stark abweichende Meinungen vertreten. Die Existenz einer Organisationsstruktur, die die für den Programmhaushalt erforderlichen Einigungen ermöglicht, wurde von vier Befragten verneint, während zwei Gesprächspartner sie nur als bedingt gegeben ansahen. Hinsichtlich der personellen und zeitlichen Durchführungsvoraussetzungen wurde von drei Befragten angegeben, daß diese nicht gegeben seien.

4. Problemanalytische Befürwortung des Programmhaushalts

Über die Diskussion der zuvor erörterten elf Prüfkriterien mit den Führungskräften des Instituts hinaus haben wir selbst untersucht, wie weit die uns durch Unterlagenstudium, Interviews sowie die Sitzungen mit den erwähnten Gruppen ausgewählter Mitarbeiter bekannt gewordenen Probleme des BBF mit den Vorteilen, die ein Programmhaushalt bietet, übereinstimmen. Wir kamen dabei zu dem Ergebnis, daß ein Programmhaushalt in einer noch näher zu bestimmenden Variante für das BBF von Nutzen wäre. Dies wird durch die nachfolgenden Aspekte im einzelnen nachzuweisen versucht.

(1) Der Programmhaushalt setzt, richtig angewendet, eine Funktionsanalyse voraus, und diese erschien uns — ganz unabhängig von ihrem Ausgang — dringlich, weil diesbezüglich unter den damals an der Diskussion um das BBF Beteiligten nach unserer Einschätzung kaum Klarheit bestand. Da wir nicht aufgefordert waren, Überlegungen zu

einer spezifischen Funktionsbestimmung des BBF anzustellen, setzten wir als notwendige Basis für eine weitere Argumentation vorerst voraus, daß — da der Programmhaushalt ja mehrfach gefordert worden war — auch die durch ihn (genauer: durch dessen auszuwählende spezielle Variante) implizierte Funktionsweise gewollt und durchzusetzen war.

(2) Ein Programmhaushalt würde die Aufstellung eines Forschungsprogramms in einer gemeinsamen Anstrengung erfordern. Ein an Wissenslücken auf dem Gebiet der Berufsbildung orientiertes Sachprogramm wäre zu erstellen. Hierbei hätten die seinerzeit vertretenen Abteilungsgesichtspunkte diskutiert und verteidigt werden müssen; gegebenenfalls hätten diese zugunsten der Koordination auf ein Sachprogramm zurücktreten müssen. Für Nichtfachleute auf dem Gebiet der Berufsbildung war aufgrund immer wieder vorgebrachter Problemnennungen davon auszugehen, daß ein solcher Programmplanungsprozeß zu einem materiell unterschiedlichen Forschungsprogramm hätte führen können, was seinerseits die Einführung eines Programmhaushalts hätte rechtfertigen können.

(3) Gegenüber dem Grad der bei der Forschungsprogrammentwicklung anzuwendenden Partizipation der Forscher ist der Programmhaushalt grundsätzlich und unbeschadet der erörterten Funktionsbestimmungsproblematik neutral. Jedoch wird man sagen können, daß er wegen der Betonung von Ziel-Mittel-Beziehungen der geforderten Mitwirkung der Beteiligten förderlich ist.

(4) Ein Programmhaushalt würde die Aufstellung eines Forschungsprogramms unter ausgewiesener und damit strikter Bezugnahme auf die Ressourcen mit sich bringen, so daß einerseits ein heilsamer Zwang in Richtung auf ein mehrfach als dringlich gefordertes Schwerpunktprogramm zu erwarten wäre, mit dem auch der damals nicht von der Hand zu weisenden Gefahr einer Verzettelung hätte begegnet werden können. Andererseits verlangt ein Programmhaushalt eine sinnvolle Abstimmung von Ansprüchen an eine Institution und den bereitgestellten Kapazitäten, so daß der damals beklagten Lücke zwischen dem Erwartungshorizont der Institutsumwelt und der Mittelbereitstellung entgegengewirkt werden könnte. Mit einem Programmhaushalt ließe sich auch sichtbar machen, auf *welchen Gebieten* das BBF jeweils *nicht zu forschen* hätte, weil es nicht alles und jedes in Angriff nehmen kann.

(5) Ein Programmhaushalt würde Überlegungen induzieren, wie groß die Reservekapazität des BBF für „sonstige Aktivitäten" und „ad hoc-Aufgaben" sein sollte. Dies könnte sich zugleich auf das von den Forschern hervorgehobene Problem der mangelhaften Wissenschaftlichkeit

auswirken, so weit sich der Hinweis auf die kurzfristige Gutachter- und Beratertätigkeit bezog.

(6) Ein Programmhaushalt der eingangs vorgestellten Art würde die bislang offenbar vernachlässigte Zieldiskussion verstärkt in Gang bringen. Richtungsfragen wären zu klären, etwa bezüglich des Verhältnisses von Grundlagen- zu angewandter Forschung, von Struktur- oder Istbestandserforschung zur Planung neuer Aktivitäten usw. Auch würden sich die Zielfragen drängender stellen, wenn die einzelnen Projekte als Programmelemente in einer Programmstruktur gesehen würden.

(7) Das häufig genannte Problem der Unruhe, die durch Prioritätenwechsel über Eingriffe seitens des Hauptausschusses in die Forschungstätigkeit hineinkommt, ließe sich über einen Programmhaushalt zumindest abschwächen, weil mit einem auf die Ressourcen abgestimmten Forschungsprogramm ein Dokument geschaffen würde, das permanente Änderungen erschwert, Änderungen der Planung natürlich aber auch nicht ausschließt. Bei Aufforderung zur Bearbeitung zusätzlicher Projekte oder Aufgaben könnte mittels des Programmhaushalts besser sichtbar gemacht werden, welche laufenden Projekte mit welchen Konsequenzen dafür zurückgestellt werden müßten. Damit schien gleichzeitig der Leistungsdruck abbaubar zu sein, soweit er auf unrealistische Planungen zurückzuführen war.

(8) Mit dem Programmhaushalt würde die Leitung des BBF über wichtiges Informationsmaterial verfügen, das für die geforderte Verbesserung und Intensivierung der Öffentlichkeitsarbeit einsetzbar wäre.

(9) Über einen Programmhaushalt würde die seinerzeit als zu gering bemängelte Einschaltung des BBF in die Berufsbildungsdiskussion zwangsläufig dadurch verstärkt, daß nach außen hin transparenter würde, zu welchen Themen geforscht wird beziehungsweise zu welchen Fragestellungen der Rat des BBF eingeholt werden könnte.

(10) Ein Programmhaushalt würde die interne Koordination zwischen den Projekten verbessern können. Doppelarbeit, austauschbare Erfahrungen usw. würden leichter erkennbar. Die geforderte Übersicht über alle bearbeiteten Projekte, ihren Zusammenhang und ihre Mitarbeiter läge mit einem Programmhaushalt vor.

(11) Ein Programmhaushalt würde im Falle von Forschungsprojekten als Programmelemente — bei richtiger organisatorischer Einbettung in den Managementprozeß — ein Projektmanagement ermöglichen, das klare Kompetenzen und Koordination zwischen den Organisationseinheiten mit sich bringt, aus denen die jeweiligen Forscher kommen. Der Programmhaushalt ermöglicht es dabei, auch netzplanartige Termin-

IV. Programmhaushalt und andere Mangementinstrumente

planungen und -kontrollen, eine projektbezogene Finanzplanung unter Einbeziehung der Drittmittel und eine klare Abgrenzung der Führungsaufgaben für den Projektleiter zu erreichen.

(12) Prinzipiell kann ein Programmhaushalt als ein Instrument angesehen werden, das — gerade infolge der notwendigen Koordination in Zielfragen für die Projekte — zu mehr Freiheit der Projektleiter in Fragen der Ressourceneinsetzung führen kann. Soweit haushaltsrechtlich hierfür Möglichkeiten geschaffen werden können, böte sich der Programmhaushalt als ein Instrument an, mit dem die vermutete Überorganisation abzubauen und die offenbar sowohl von den leitenden als auch von den forschenden Mitarbeitern angestrebte Dezentralisierung von Etatentscheidungen zu erhöhen wäre.

(13) Ein Programmhaushalt würde die Erstellung projektbezogener Ausgaben- oder Kosteninformationen mit sich bringen, die für die Aufgaben der Etat- und Kostenkontrolle in vielfältiger Weise zu verwenden wären (vor allem für Zeitvergleiche und für Vergleiche von Organisationseinheiten untereinander).

(14) Projektbezogene Ausgaben- oder Kosteninformationen ließen sich speziell auch für Entscheidungen bezüglich Auftrags- oder Eigenforschung verwenden, wenngleich die Hauptursache für das unter den Problemnennungen vermutete Ungleichgewicht zugunsten der Fremdforschung sicherlich nicht in bislang fehlenden Kosteninformationen zum „make or buy" gesehen wurde.

(15) Ein Programmhaushalt würde allerdings Aussagen über die Effizienz von Forschungsprojekten oder Forschungsprogrammbereichen nur so weit zulassen, wie deren Wirkungen sinnvoll beschrieben und gewichtet werden können.

(16) Daß das BBF im Falle des Übergangs auf einen Programmhaushalt diesen isoliert von anderen Institutionen sowie dem übergeordneten BMBW praktizieren würde, könnte dessen Wirkung unseres Erachtens nicht beeinträchtigen. Außerdem zeigen Beispiele, wie das der schwedischen Zentralregierung, daß es durchaus sinnvoll sein kann, Programmbudgetierungsverfahren nicht simultan im gesamten Regierungsbereich, sondern bereichsweise fortschreitend zu implementieren.

Aus den genannten Überlegungen heraus sahen wir — was die problemanalytisch bedingten Kriterien anbelangt — den Programmhaushalt für das BBF als geeignet an. Die dort aufgetretenen Probleme der Aufgabenausrichtung, der Zielplanung, der Programmkoordination, der Planungsrealität, der Öffentlichkeitsarbeit, der Programmdurch-

IV. Programmhaushalt und andere Mangementinstrumente 89

führung usw. sind geradezu die typischen Probleme, die zur Entwicklung des Programmhaushalts als Managementinstrument geführt haben.

Nicht direkt durch den Programmhaushalt angesprochen werden allerdings die folgenden Problemnennungen: Das soziale Klima, der Stellenwert, welcher der Weiterbildung beigemessen wurde, die verbesserungsfähige Dokumentation von Berufsbildungsinformationen, die Kontakte zu anderen Forschern, die unterschiedlichen Auffassungen über die Notwendigkeit von Kooperationsprozessen und natürlich auch nicht der Personalmangel. Dieser Hinweis ist allerdings insofern besonders wichtig, als ja gerade diese *die* Mängel hätten sein können, die das Verhalten des BBF als dominante Faktoren im wesentlichen bestimmten. Denn in diesem Falle hätte zwar ein Programmhaushalt die zuvor genannten Mängel reduzieren, aber nicht zu durchgreifenden Verhaltensänderungen führen können. Dies zu überprüfen, wäre ebenfalls Aufgabe des erwähnten „Entwicklungsprojekts" gewesen.

Damit wäre zugleich der Hinweis auf flankierende Maßnahmen in anderen Managementbereichen neben dem Programmhaushalt wieder aufgenommen. Dies gilt in gleicher Weise für die im folgenden zu behandelnden BBF-spezifischen Voraussetzungen, die der Programmhaushalt ja nicht automatisch mit sich gebracht hätte, sondern die bewußt und aktiv hätten geschaffen werden müssen.

5. Spezifische Einschränkungen der Programmhaushaltempfehlung

a) Klärungsbedürftigkeit funktionaler und organisatorischer Voraussetzungen

Das Verhalten beliebiger als Systeme betrachteter Institutionen wird durch die Funktionen (Art der Umwandlung von Eingangsgrößen, hier insbesondere Informationen, zu Ausgangsgrößen) ihrer Elemente sowie durch ihre Strukturen — beide jeweils formaler und informaler Art — determiniert. Wir haben mit Kapitel III versucht, die wichtigsten Funktionen und Strukturen des BBF und seiner Umwelt herauszuarbeiten.

Die Bedeutung dieser Erkenntnisse für Veränderungsprozesse, wie sie mit Einführung des Programmhaushalts geplant sind, besteht darin, daß das vorgefundene Verhalten einer Behörde als sozusagen genetisch gewachsen und situationsgerecht gelten muß — oder noch deutlicher: daß es aus der Sicht weiter Bereiche der jeweiligen Behörde selbst optimal ist.

Vor diesem Hintergrund betrachtet, bewirkt ein nur additives Hinzufügen neuer Managementinstrumente wie des Programmhaushalts wahrscheinlich keine ins Gewicht fallende Verhaltensänderung. Dies wäre nur dann zu erwarten, wenn aus der Behörde heraus bislang vergeblich nach derartigen Instrumenten gesucht worden wäre. Praktische Erfahrungen der Systemanalyse beweisen aber immer wieder, daß es nicht mangelnde technologische Kenntnisse sind, die ein bestimmtes, von außen als verbesserungsfähig bezeichnetes Verhalten bewirken[1]. Diese Erfahrung dürfte auch für das BBF zutreffen. Warum konnten, abgesehen von der Aufbauphase, bis zum Untersuchungszeitraum die organisatorischen und personellen Voraussetzungen für zentrale Managementinstrumente nicht zufriedenstellend geschaffen werden, während dezentral unterschiedlichste Instrumente entwickelt wurden? Nachfragen im Institut haben ergeben, daß eine Vielzahl von Einzelbemühungen — einschließlich mehrerer Vorschläge in Richtung auf den Programmhaushalt — nachweisbar sind, die von verschiedenen Stellen innerhalb und außerhalb des BBF erarbeitet und vorgetragen wurden. Neben einer Vielzahl von Gründen, die sich aus den beschriebenen Problemnennungen erkennen lassen, wurde für die Ablehnung dieser Programmhaushaltsansätze der in den Hauptabteilungen für erforderlich gehaltene Gestaltungsspielraum angeführt. Weiter läßt sich vermuten, daß die unterschiedlich eingeführten Managementinstrumente in den einzelnen Bereichen nur noch einen geringen Kompromißspielraum offen ließen, in dem neue, bisher im Institut nicht erprobte Verfahren angesiedelt werden konnten.

Selbst wenn es gelungen wäre, den Programmhaushalt für das BBF verfahrensmäßig vorzuschreiben und „einzuführen", wäre in dieser Situation unseres Erachtens damit zu rechnen gewesen, daß er nicht voll inhaltlich akzeptiert und wirklich materiell praktiziert würde. Informationen lassen sich leichter anpassen als Rollen[2]. Informationen, wie sie für Aufstellung und Durchführung von Programmhaushalten nötig sind, standen aber keineswegs abrufbar bereit. Sie hätten vielmehr von den Hauptabteilungen geliefert werden müssen. Die hieraus resultierenden Probleme werden in der Regel stets unterschätzt. Sicherlich hätte sich eine Programmstruktur als gemeinsames Dach finden lassen, unter dem rein sprachlich die verschiedenen Aktivitäten hätten

---

[1] W. G. Bennis, Theory and method in applying behavioral science to planned organizational change, in: W. G. Bennis, K. D. Benne und R. Chin, a.a.O., S. 62 ff., hier: S. 77 "Most organizations possess the knowledge to coure their ills; the rub is utilization."
Desgleichen R. Chin und K. D. Benne, General strategies for effecting changes in human systems, in: ebenda, S. 32 ff., hier S. 44: "... the problem confronting the client is not assumed a priory to be one which can be met by more adequate technical information, though this possibility is not ruled out."

[2] Vgl. hierzu auch Allen Schick, The Road to PPB: The Stages of Budget Reform, in: James W. Davis, jr. (ed.), Politics, Programmes and budgets, Englewood Cliffs 1969, S. 210 ff., hier S. 227.

IV. Programmhaushalt und andere Mangementinstrumente 91

zusammengefaßt werden können. Dies dürfte jeder schon selbst erfahren haben, der vor der Aufgabe stand, verschiedenartige Aussagen in einem gemeinsamen Gliederungsrahmen unterbringen zu müssen, ohne jedoch in der Lage zu sein, inhaltlich nennenswerte Änderungen herbeiführen zu können. Wir befürchteten dementsprechend, daß selbst unter einer Programmstruktur die einmal eingeschlagenen Forschungsrichtungen und -gepflogenheiten weiterhin differierend existieren könnten.

Es war unseres Erachtens auch ein dahingehender Optimismus unangebracht, daß sich — lasse man dem Institut nur einige Zeit — eine echte Kooperation im Rahmen eines Programmhaushalts sozusagen von selbst ergeben werde. Soweit daraus aber tatsächlich nur ein offizielles, formales Zusammenfügen der Einzelaktivitäten zu Programmen resultiert, wäre dies leichter zu haben, indem man solche nachträglichen Reklassifikationen durch eine Zentralabteilung durchführen ließe. Wenn es andererseits nur darauf angekommen wäre, daß über einen Programmhaushalt jedenfalls die Diskussion unter den Abteilungen und damit die Meinungsbildungsfunktion verbessert werden könnte, so hätte es auch dafür einfachere Instrumente gegeben, zum Beispiel die regelmäßige Veröffentlichung einer Projektübersicht.

Es war unseres Erachtens realistischer, die Tatsache zur Kenntnis zu nehmen, daß ein — wenngleich nach Diskussion — zentral aufgestellter und auch benutzter Programmhaushalt ganz bestimmte Voraussetzungen hinsichtlich der Funktion einer betrachteten Behörde enthält. Was ein zu effektiven Verhaltensänderungen beitragender Programmhaushalt wirklich voraussetzt, ist nämlich eine Organisationsstruktur, die Einigungsprozesse ermöglicht. Es ist ja der Sinn des Programmhaushalts, in differenzierten, arbeitsteiligen Institutionen wieder zielgerichtete und koordinierte Aktivitäten zu ermöglichen. Eine solche Organisationsstruktur ist dann gegeben, wenn formale Machtverhältnisse in Form einer Hierarchie oder gesamtzielverpflichtende Abstimmungsregeln in vertretbarer Zeit zu verbindlichen, das heißt im Abweichungsfalle sanktionierbaren Entscheidungsergebnissen führen. Zum Beispiel müssen die für die Zielformulierung und die Mittelverteilung erforderlichen Entscheidungen innerhalb des Planungszeitraums getroffen werden können. Das heißt, in der äußeren und inneren Organisation müssen entsprechend durchsetzbare Regeln und Sanktionen festgelegt sein.

Damit war nun konkret die Frage nach der Funktionsbestimmung des BBF wieder angesprochen. Wie wir dargestellt haben, deutet die vorliegende Makro-Organisation des BBF eher darauf hin, daß hier eine pluralistische Meinungsbildung und Forschungsdurchführung angestrebt war mit der Möglichkeit, verschiedene Interessengesichtspunkte gleichzeitig zum Tragen kommen zu lassen. Dies zeigte die Bestandsaufnahme zum Entwicklungsstand der Managementinstrumente, die drei Schwerpunkte ergab: Erstens fehlten zentrale, hauptabteilungsübergreifende Managementinstrumente. Zweitens waren bereichsintern unterschiedliche Ansätze bei nicht selten unzureichender Ausprägung der Instrumente für Planung, Mittelbewirtschaftung und Kontrolle anzutreffen. Drittens wurden sowohl von den Mitarbeitern als auch von den Führungskräften eine Reihe von Managementproblemen erkannt, die sich auf institutsexterne Einflüsse zurückführen ließen oder in der bestehenden Organisation angelegt waren.

Zu prüfen wäre vor allem, ob die sich darin spiegelnde BBF-Funktion unbeabsichtigt war, ob man sich bei Gründung über deren Konsequenzen nicht im klaren war oder ob sich diese Struktur möglicherweise inzwischen als unzweckmäßig herausgestellt hat und somit geändert werden sollte.

Je nach Ausgang dieser von uns — entsprechend unserer Auffassung von einer partizipativen, nicht-technokratischen Systementwicklung — nur zu stellenden und nicht von uns zu beantwortenden Frage mußte die Eignung des Programmhaushalts für das BBF beurteilt werden:

— Wenn die organisatorische Gestaltung des BBF eine Konsequenz der damit erfüllbaren und beabsichtigten Funktionen wäre, so würde ein gemeinsamer Programmhaushalt diese Funktionen sogar gefährden (effektive Praktizierung vorausgesetzt).

— Der Programmhaushalt wäre dann aber immer noch abteilungsbezogen verwendbar. Man erhielte fünf nebeneinanderstehende oder nur lose integrierte Programmhaushalte. Hiermit wären immerhin noch einige Vorteile realisierbar, so die Verbesserung der Öffentlichkeitsarbeit, die Vermeidung der aus dem Institut heraus stark bemängelten Unruhe durch zeitliche und inhaltliche Veränderungen am „Forschungsprogramm".

— Wenn eine an einheitlichen Richtungskriterien ausgerichtete Forschungsdurchführung vom BBF im Sinne einer „two-state-organization" erwartet würde, dann böte sich der Programmhaushalt — wie unter 2. dieses Kapitels ausgeführt — an, es wären aber die organisatorischen Konsequenzen zu sehen und zu ziehen.

Nach unserer Einschätzung der Situation mußte somit die analytische Schlußfolgerung zunächst zu einer Priorität externer und interner Organisationsüberlegungen führen. Erst dann wäre sinnvollerweise mit der Verbesserung oder Einführung einzelner weiterreichender Instrumente zu beginnen.

Die Organisationsstruktur sowie die personellen und sachlichen Voraussetzungen waren unseres Erachtens offensichtlich in erheblichem

IV. Programmhaushalt und andere Mangementinstrumente

Umfange regelungsbedürftig. Hierbei waren interne Regelungen und die organisatorische Einbettung der Organe „Präsident" und „Hauptausschuß" im Spannungsfeld zwischen dem BBF als Institution, dem BMBW sowie den Interessen der Mitglieder des Instituts zu unterscheiden. Dies bedeutete, daß unseres Erachtens dann nicht nur die Makro-Organisation bezüglich Hauptausschuß und BBF-Leitung zu überprüfen wäre, sondern daß auch Versuche hätten unternommen werden müssen, alle Mitarbeiter persönlich für den Programmhaushalt und seine Ergebnisse zu interessieren (etwa über Management by Objectives als komplementär einzuführendes Führungskonzept, für das es allerdings seinerseits wiederum Varianten gibt, auf die hier nicht eingegangen werden kann). Es hätten Überlegungen zu einer Neugestaltung der Partizipation an der Forschung angestellt werden müssen, um die Furcht der Mitarbeiter vor Fremdsteuerung abzubauen und ihre Identifikation mit dem Instrument des Programmhaushalts zu erhöhen.

b) Verbesserungsnotwendigkeit personeller, sachlicher und methodischer Voraussetzungen

Es war schließlich noch zu prüfen, ob im speziellen Aufgabenbereich des BBF sowie in seiner Ausstattung mit Ressourcen besondere Probleme aufzudecken waren, die eine Anwendung des Programmhaushalts in diesem Institut hätten verhindern können.

(1) Ließen sich die Aktivitäten des BBF überhaupt in Richtung auf Ziel-Mittel-Beziehungen, wie sie für ein mehrgliedriges Forschungsprogramm notwendig sind, strukturieren? Unseres Erachtens würden sich diesbezüglich keine größeren Probleme ergeben als in anderen Tätigkeitsbereichen der öffentlichen Verwaltung. Ausgehend von einem Oberziel (etwa „Schließen von Wissenslücken im Bereich der beruflichen Bildung") müßten sich stufenweise konkretere Unterbereiche bis hin zu spezifischen Forschungsprojekten erkennen und definieren lassen. Die Untersuchung von im BBF verwendeten Managementinstrumenten ergab im übrigen, daß bereichsweise Zielstrukturen bereits verwendet wurden. Wie im II. Kapitel ausgeführt, reichte möglicherweise eine eindimensionale Programmstruktur für die Erfordernisse des BBF nicht aus. Das wäre näher zu prüfen gewesen. Mehrdimensionale Programmhaushalte sind aber grundsätzlich möglich.

(2) Ziel-Mittel-Relationen lassen sich üblicherweise schwer oder nur unvollständig mit einem Einlinien-System darstellen. Vielmehr leitet sich ein Projekt oft aus mehreren Oberzielen ab beziehungsweise die Arbeit an einem Projekt dient mehreren Oberzielen zugleich. Dies

dürfte auch im Falle der beruflichen Bildungsforschung zu erwarten sein. Jedoch verhindert dieses Phänomen die praktische Arbeit mit Programmhaushalten nicht, es erfordert nur seine Kenntnis und entsprechende Vorsicht im Umgang mit den Informationen. Insbesondere wirkt sich dies auf die Aggregation von Ausgaben oder Kosten und Ergebnissen aus.

(3) Die Zurechenbarkeit der Ausgaben auf Forschungsprojekte erschien möglich. Im Institut selbst war bereits einmal ein Projekterhebungsbogen entwickelt worden, auf dem eine Zurechnung von Etatausgaben auf Forschungsprojekte ebenfalls erfolgen sollte. Natürlich war in Rechnung zu stellen, daß es Service-Funktionen gibt, die nicht verursachungsgerecht auf Projekte zurechenbar sind. Hierfür wären in der Programmstruktur entsprechende Service-Kategorien vorzusehen. Auch hierin hätte sich aber der Aufgabenbereich der Berufsbildungsforschung nicht von anderen Tätigkeiten der öffentlichen Verwaltung unterschieden.

Allerdings würde sich bei der Ausgabenzurechnung — wie zuvor unter (2) angedeutet — die Ziel-Mittel-Interdependenz auswirken. Auf höheren Aggregationsebenen der Programmstruktur wäre deshalb nicht mehr exakt anzugeben, wieviel Geld beispielsweise für die Forschung in bestimmten Programmbereichen ausgegeben wurde oder ausgegeben werden soll. Daß man diesbezüglich die an einen Programmhaushalt geknüpften Erwartungen nicht übersteigern darf, gilt jedoch ebenfalls generell.

(4) Als wesentliches Element des Programmhaushalts hatten wir die Benennung von Ergebnissen (Outputs und Impacts) angesehen. Zweifellos liegen hinsichtlich der Wirkungsangaben im Forschungsbereich erheblich größere Schwierigkeiten vor als in manchen anderen Verwaltungsbereichen. Insbesondere ist sicherlich kaum zu erwarten, daß man in großem Umfang Impacts planen und erfassen kann, wie sie etwa für einen Kosten-Nutzen-Vergleich von Forschungsprojekten notwendig wären. Dennoch sollten jedenfalls im Output-Bereich Ergebnisangaben möglich sein, wie sie immerhin für Planung und Kontrolle der Abwicklung genehmigter Forschungsprojekte von Bedeutung sind (Forschungstage, Relationen verschiedener Art wie Service-Mitarbeiter zu Forschern, Grundlagenforscher zu angewandten Forschern usw., Forschungsberichte, Publikationen, Zahl von Interviews, quantitative Angaben über andere empirische Tätigkeit, Anfragen aus der Praxis, Zeitschriften-Abonnenten, angeforderte Sonderdrucke bestimmter Forschungsergebnisse, praktische Veränderungen von Curricula, Zahl von Absolventen dieser Ausbildungsgänge sowie ihre Einstellungsbedingungen und andere mehr).

IV. Programmhaushalt und andere Mangementinstrumente

(5) Bejaht man unsere Ausführungen zu (3) und (4), so war auch die inhaltliche Kontrollierbarkeit der Programmplanungen gegeben (Realisierung der organisatorischen Voraussetzungen nach a) vorausgesetzt).

(6) Ob die personelle Kapazität des BBF für die Durchführung der mit dem Programmhaushalt zusammenhängenden Tätigkeiten ausgereicht hätte, hängt sehr stark von der Art des gewählten Programmhaushalts ab. Die Frage konnte also beim damaligen Beratungsstand nicht abschließend beantwortet werden. Es war aber wohl davon auszugehen, daß in gewissen Organisationseinheiten des BBF für die Wahrnehmung von Zurechnungs-, Kontrollfunktionen usw. personelle Verstärkungen hätten vorgenommen werden müssen. Auch der Mehraufwand, der auf seiten der forschenden Mitarbeiter für Planungen und Aufschreibungen erforderlich ist, soll nicht unerwähnt bleiben. Hinzuweisen ist aber auch darauf, daß durch Übergang zu Standardkostenrechnungen ein Großteil der Projektplanung auf zentrale Service-Einheiten übergehen kann, etwa die Bewertung von geplanten Forschungstagen mit Standardsätzen für die Personalkosten (Vergütung, Beihilfen, Urlaubsanteile usw.).

Dem Aufwand, der durch die in neuer Form zu vollziehenden Arbeitsschritte entstehen würde, waren jedoch die Verbesserungen und Vereinfachungen gegenüber zu stellen, die sich aus der Nutzung des Programmhaushalts und anderer Managementinstrumente ergeben würden. Da es deren Zweck ist, durch veränderte und verbesserte Koordination die Arbeitsprozesse selbst zu erleichtern und auch kapazitätsmäßig zu straffen, kamen die Autoren zu dem Schluß, daß insgesamt mit einem zusätzlichen Personalaufwand nicht gerechnet werden müßte. Hierbei wurde unterstellt, daß die Einführung und Anwendung des Programmhaushalts im Rahmen einer kritischen Bestandsaufnahme und Überprüfung der bisher verwendeten Koordinationstechniken erfolgt.

(7) Schließlich war zu den personellen Voraussetzungen der für eine zweckmäßige Handhabung der neuen Instrumente durch die Beteiligten notwendige Ausbildungsstand zu erwähnen. Wenn auch hier ebenfalls keine grundlegenden Hemmnisse zu erkennen waren, so war doch abzusehen, daß der Programmhaushalt und andere Managementinstrumente nicht ohne weitere Vorbereitung hätten eingeführt werden können, da der feststellbare Informationsstand außerordentlich unterschiedlich war und wegen der interdisziplinären Zusammensetzung des Instituts auch in der Verwendung der Terminologien keine Einheitlichkeit bestand.

6. Gesamtbeurteilung

Mit den dargelegten Schlüssen war der wesentlichste Teil unserer Aufgabe abgeschlossen, die Eignung des Programmhaushalts für das BBF zu überprüfen. Akzeptiert man die angewendete Untersuchungsmethode der partizipativen Systementwicklung, so konnte eine Beurteilung nach dem erreichten Beratungsstand nur konditional erfolgen: *Wenn* die zuständigen Gremien nach Diskussion über die Funktionsbestimmung des BBF zu der Ansicht gelangen würden, daß die von uns skizzierten Maßnahmen auf dem Gebiete der Makro-Organisation getroffen werden sollten, *dann* wäre die Entwicklung eines Programmhaushalts zu befürworten, zumal damit unter diesen Voraussetzungen tatsächlich ein großer Teil der Probleme angegangen werden könnte, die gegenwärtig in der Diskussion um das BBF genannt werden.

Damit war auch bei unserem Auftrag eine für innovative Problemlösungsprozesse in sozio-technischen Systemen typische Situation eingetreten: Bei genauer Analyse stellt sich die Problematik in einer ursprünglich zumeist nicht vermuteten Art und Weise, so daß die Auftraggeber erneut eingeschaltet werden müssen, um über Problemlösungsrichtung und -umfang zu beraten und zu entscheiden. In der Schrittfolge einer partizipativen Systemanalyse (vgl. Kapitel I) war damit der Eintritt in die Phase 6 (Neuerliche Strategiediskussion) erforderlich.

Die im nachfolgenden Schlußkapitel darzustellenden Empfehlungen sind also als Beitrag der Analytiker zu einem argumentativen Prozeß zu verstehen, an den sich die Weiterentwicklung einer Lösung unter möglicherweise neuen Perspektiven und Weichenstellungen durch den Auftraggeber anschließen muß.

V. Kapitel

Empfehlung der Autoren und weitere Entwicklung

1. Priorität kooperativer Entwicklungsprozesse und organisatorischer Regelungen

Aus unseren im Kapitel IV erläuterten Schlußfolgerungen ergab sich vor allem, daß die weiteren Arbeiten erst auf den Programmhaushalt konzentriert werden sollten, wenn zwei bedeutsame Schritte vollzogen sind: Dies waren erstens die Festlegungen zur Funktion und Organisation, die als Voraussetzung für eine endgültige Befürwortung des Programmhaushaltes anzusehen waren. Zweitens waren dies die personellen und sachlichen Voraussetzungen, die für eine Einführung eines Programmhaushaltes und allgemein entwickelter Managementinstrumente notwendig gewesen wären.

Die Schaffung der erforderlichen *organisatorischen, personellen und sachlichen Voraussetzungen* könnte in der vorgefundenen Situation u. E. nur gelingen, wenn sie im Wege eines *kooperativen Entwicklungsprozesses* herbeigeführt werden.

Kooperativ bedeutet in diesem Fall:

Empfehlung 1: Eine autorisierte Projektgruppe aus Vertretern der Organisationsbereiche und Organe des Instituts sollte zeitlich befristet mit dem Auftrag eingerichtet werden, die von uns festgestellten Hauptmängel zu überprüfen und — soweit sich unsere Ansichten bestätigen — abzustellen.

Als eine ergänzungsfähige Basis für den Beginn der Arbeiten sahen wir die von uns begonnene Problemanalyse an. Von dieser oder einer anderen Basis aus sollten folgende Teilziele innerhalb zweier Monate erreicht werden:

Empfehlung 2: BBF-interne organisatorische, personelle und sachliche Verbesserungsmöglichkeiten sollten ermittelt, bewertet und schließlich in einem Maßnahmenstrukturplan festgelegt werden, der dem Präsidenten und dem Hauptausschuß zur Verabschiedung vorzulegen wäre.

Empfehlung 3: Ein externes Rahmenkonzept für die künftigen Funktionen und die künftige Organisation des BBF sollte mit dem Bund und dem Hauptausschuß ermittelt und abgestimmt werden. Die Umsetzungsvorbereitung von Beschlüssen sollte vorgenommen werden.

Die gewünschten Ergebnisse sollten durch eine gezielte methodische Unterstützung soweit wie möglich gesichert werden: Ein gemeinsamer begrifflicher Ausgangspunkt sollte durch eine Einführungsschulung erreicht werden. Ein strukturiertes, durch qualifizierte Moderation kontrolliertes Arbeitsverfahren sollte die Ergebnisse sichern.

Als *Standard* der Arbeit sollte nicht die wissenschaftliche Perfektion, sondern das *gemeinsame Zwischenergebnis* angesehen werden, auf dem weitere systematische Prozesse aufgebaut werden könnten.

Als *Zeitaufwand* für die am Arbeitsprozeß der Projektgruppe Teilnehmenden werden je Mitarbeiter ca. 18 Arbeitstage anzusetzen sein, die auf eine Frist von zwei Monaten verteilt werden sollten.

2. Entwicklung und Erprobung eines Programmhaushaltskonzeptes

Die *Eignung des Programmhaushaltes* zur Verbesserung von Planung, Rechnungswesen und Kontrolle des BBF ergibt sich zunächst aus der unter III. wiedergegebenen Einschätzung des IST-Zustandes des Instituts: Da zentrale, bereichsübergreifende Koordinationsinstrumente weder im Hinblick auf die Planungsfunktion noch auf die Kontrollfunktion vorhanden sind, bietet sich das Programmbudget mit seinen explizite auf diese Funktionen gerichteten Zielen an.

Weiter wurde anhand genereller und institutionsspezifischer Prüfkriterien festgestellt, daß unter bestimmten Bedingungen der Programmhaushalt für das BBF zu empfehlen war.

Hinsichtlich der generellen Prüfkriterien ergab sich eine weitgehend positive Gesamtbeurteilung, während bezüglich der BBF-spezifischen Gegebenheiten im IST-Zustand sowohl hinsichtlich der Organisationsstruktur als auch hinsichtlich der personellen und zeitlichen Durchführungsmöglichkeit die Voraussetzungen für die Anwendung des Programmhaushalts teilweise als nicht gegeben anzusehen waren. Entscheidend für unsere Beurteilung war dabei auch, daß die Betroffenen selbst diese Meinung vertraten.

Beide die Machbarkeit des Programmhaushaltes im BBF verneinenden Argumente würden nach dem Vorschlag der Verfasser in dem kooperativen Prozeß zur Behebung von Organisationsmängeln auszuräumen sein. Die erforderliche Organisationsstruktur müßte das Er-

Abb. 8: VORGESCHLAGENE ALTERNATIVE EINER PROGRAMMHAUSHALT-ENTWICKLUNG FÜR DAS BBF

	Merkmale	Merkmalsausprägungen		
1	Verwendungszweck	Einzweck-Haushalt	Mehrzweck-*Haushalt	
2	Angabe des Ressourcenverbrauchs	Ausgaben*	Kosten	
3	Ergebnisdifferenzierung	Output deskriptiv	Output quantitativ	quantitativer* Output und deskriptive Impacts	Output und quantitative Impacts
4	Zeitliche Geltung	einjährig	zweijährig	mehrjährig*
5	Art der Programmstrukturierung	baumartig einlinig	baumartig mit* Querverknüpfungen	gemischt baumartig und matrixartig
6	Anzahl der Ziel-Mittel-Dimensionen	eindimensional*	mehrdimensional	
7	Anzahl der Ebenen der Programmstruktur	zwei	drei* (altern.)	vier* (altern.)	fünf und mehr
8	Integration mit Management-Prozeß	dokumentativ	im Managementprozeß* verwendet	
9	Geltungsbereich	regierungsweit	ganze Behörde*	Organisationseinheiten einer Behörde
10	Art der Erarbeitung	zentral Linie	zentral Stab	dezentral nur Abteilungsleiter	dezentral mit leitenden Mitarbeitern*
11	Art der Einführung	simultan	sukzessiv*	

gebnis von Organisationsänderungsvorschlägen sein, während die personellen und zeitlichen Durchführungsvoraussetzungen z. B. dadurch verbessert werden können, daß ermittelt wird, welche gegenwärtig durchgeführten bereichsinternen Managementprozesse bei Verwendung eines einheitlichen, übergreifenden Systems eingebracht werden können bzw. verzichtbar sind.

Die Beurteilung der übrigen BBF-spezifischen Voraussetzungen durch die Befragten ließ vermuten, daß eine Einführung des Programmhaushaltes im BBF für möglich gehalten wurde. Hieraus ergibt sich die

Empfehlung 4: Die Einführung eines Programmhaushaltes im BBF sollte dann beschlossen werden, wenn die Entscheidung über die in den Empfehlungen 2 und 3 erwähnten komplementären Maßnahmen zur Verbesserung der Organisation getroffen sind.

Zur *Auswahl* unter den möglichen *Alternativen* der *Gestaltung* des Programmhaushaltes wurde von den Verfassern folgender Vorschlag gemacht, der in Abbildung 8 durch Kennzeichnung der entsprechenden Felder wiedergegeben ist: Der künftige Haushalt, einschließlich des Programmhaushaltes, müßte als *Mehrzweckhaushalt* konzipiert werden, da der konventionelle Haushalt gesetzlich vorgeschrieben war.

Es wurde vorgeschlagen, in der ersten Phase in den Programmhaushalt zunächst nur *Ausgabenwerte* aufzunehmen und Kostenbetrachtungen in einer späteren Stufe ergänzend hinzuzufügen.

Hinsichtlich der zeitlichen Geltung kam nur ein *mehrjähriger* Programmhaushalt in Frage, weil die meisten Projekte eine mehrjährige Laufzeit haben und bei kurzfristiger Betrachtung die Folgekosten nicht übersehen werden können.

Die *Erstellung* des Programmhaushaltes sollte nach Ansicht der Verfasser *dezentral unter Einschaltung aller Mitarbeiter mit Leitungsfunktionen* erfolgen. Hierbei wäre selbstverständlich ein zentraler Planungsservice notwendig. In der Output-Differenzierung sollte die Formulierung *quantitativer Outputs* und *qualitativer Impacts* erfolgen. Die Forderung nach quantitativen Outputs sollte keinesfalls dahingehend verstanden werden, daß mit Gewalt Quantifizierungen vorgenommen werden, wo nur differenzierte qualitative Standards den Output sinnvoll beschreiben können. Das Wort quantitativ bringt lediglich ein gegenüber der Ausgangslage gesteigertes Anspruchsniveau zum Ausdruck.

Die *Zahl der Ebenen* konnte ohne weitere Analysen nicht angegeben werden. Nach dem ersten Eindruck von dem Sachgebiet war eine Gliederung in *drei bis vier* Ebenen ausreichend.

V. Empfehlungen der Autoren und weitere Entwicklung

Selbstverständlich sollte das vorgeschlagene System voll in den *Managementprozeß integriert* sein. Bei dieser Integration in den Managementprozeß sollte sichergestellt werden, daß die gegenwärtigen *Freiheitsspielräume in der Mittelbewirtschaftung* nicht über die Systematik des Programmhaushaltes durch externe Einflußmöglichkeiten eingeschränkt würden.

Zusammengefaßt ergab sich:

Empfehlung 5: Als Grundkonzept des Programmhaushaltes sollte ein mehrjähriger Mehrzweckhaushalt auf Ausgabenbasis beschlossen werden, der dezentral erarbeitet werden und nachprüfbare Zielangaben (soweit möglich in Form klar definierter „Outputs" und „Impacts") enthalten sollte.

Zur *Einführung* des Programmhaushaltes war dem BBF ursprünglich mit dem Angebot der GFS ein grundsätzlicher Ablaufvorschlag gemacht worden: Unterschieden wurden ein *Entwicklungsprozeß* und ein *Implementierungsprozeß*. Der für das Entwicklungsprojekt vorgeschlagene Weg konnte nach Ansicht der Verfasser beibehalten werden. Die bisherigen Feststellungen im Institut ließen den Schluß zu, daß erste Schritte zur Implementierung parallel zum Entwicklungsprojekt abgewickelt werden könnten (z. B. der Programmstrukturaufbau).

Als entscheidend für den Erfolg wurde die Wahl realistischer Standards angesehen: Fälle, in denen innerhalb von Zeiträumen unter einem Jahr grundlegende Umstellungen in Planung und Rechnungswesen gelungen wären, waren nicht bekannt. Wichtiger als die schnelle Entwicklung und Umsetzung des Gesamtkonzeptes erschien die Sicherung der BBF-internen Durchführung des Projektes. Hierzu gaben wir die

Empfehlung 6: Detailentwicklung und Einführung des Programmhaushaltes sollten von der für Koordinierung zuständigen Zentralabteilung betreut werden. Die Kooperation zwischen der Zentralabteilung und den Fachabteilungen sollte durch die Benennung von teilzeitlich für diese Aufgaben freigestellten Mitarbeitern gesichert werden, welche die Vorarbeiten und Anforderungen der Fachabteilungen einbringen sollten. Hierunter verstehen die Autoren einen partizipativen Problemlösungsprozeß, da im vorliegenden Sachgebiet zentralistische Aufstellungen schwer vorstellbar sind. Die Entscheidungen über die Zwischenergebnisse sollten mit den Regelungen zur Organisationsverbesserung abgestimmt werden.

V. Empfehlungen der Autoren und weitere Entwicklung

Wie erwähnt wurde wegen der z. T. umfangreichen dezentralen Vorarbeiten ein Anlauf der Implementierungsphase während des Entwicklungsprojektes für möglich gehalten. Der Erfolg des Gesamtprojektes wurde dabei davon abhängig gesehen, inwieweit die Zwischenergebnisse der Projektarbeit direkt in den aktuellen BBF-Arbeitsprozeß einfließen und wieweit es gelingen würde, bereichsspezifisch unterschiedliche Arbeitsprozesse aufeinander so abzustimmen, daß zusätzliche Arbeit so weit wie möglich entfallen würde.

Zusammengefaßt ergaben sich

Empfehlung 7: Um die Einführung des Programmhaushalts zu unterstützen, sollte eine Übersicht über andere Institutsaktivitäten geschaffen werden, zu deren Durchführung der Programmhaushalt ein nützliches Hilfsmittel wäre (z. B. Forschungsprogramm- und Etatplanung).

Empfehlung 8: Die Integration bestehender Managementinstrumente in die Arbeit mit dem Programmhaushalt sollte systematisiert und überprüft werden. Zu diesem Punkt gehört auch die Notwendigkeit, evtl. beschlossene Änderungen im Hause selbst — gegebenenfalls durch Führungs- und Fortbildungsmaßnahmen — bekannt zu machen.

Als Gesamtdauer der Einführung des Programmhaushaltes wurde ein Mindestzeitraum von zwei Jahren bis zum einmalig abgeschlossenen Durchlauf für notwendig gehalten.

Dabei erschien es durchaus möglich, daß die Verhandlungen für den nächsten BBF-Haushalt bereits auf der Basis eines Forschungsprogramms stattfinden könnten, das seinerseits auf der Programmstruktur aufbaut. Es könnte weiter versucht werden, die kommenden Haushaltsverhandlungen auf die ersten Quantifizierungsversuche zum Forschungsprogramm zu stützen, wobei der Erfassung bereits das Zahlenschema des Programmhaushaltes zugrunde gelegt werden könnte.

3. Managementinstrumente auf dem Weg zu einem integrierten Managementsystem

Erste organisatorische Festlegungen und die Einrichtung und Fortführung eines Programmhaushaltes wären wesentliche Schritte zu einem *Führungssystem,* dessen Notwendigkeit bei gesteigerten Leistungsansprüchen generell in Theorie und Praxis unumstritten ist.

Nach *Wild*[1] werden generell verfügbare Managementinstrumente zweckmäßig in einem System des Management by Objectives (MbO oder Führung durch Zielvereinbarung) untereinander verknüpft. Die Spezifizierung der Grundfunktionen des Management in diesem Bericht ist aus diesem System entwickelt.

Der Grad der erforderlichen Instrumentierung innerhalb des Grundkonzeptes dieses Systems würde sich in allen Einzelheiten erst sinnvoll festlegen lassen, wenn die weiteren Festlegungen zur Funktion und Organisation des künftigen BBF erfolgt waren. Ins Auge gefaßt werden sollten jedoch in diesem Fall Managementinstrumente und Verknüpfungen, die als unerläßliche Bestandteile einer jeden integrierten Konzeption angesehen werden müssen.

Hierzu gehören Instrumente, die neben den programm- und projektbezogenen Aufgaben- und Zielbeschreibungen das stellenbezogene Führungsinstrument liefern. Herkömmliche Geschäftsverteilungspläne und Stellenbeschreibungen sind hierfür als Vorläufer geeignet. Die Zielverknüpfung zwischen den Zielen der Programme und dem Stellenbild des einzelnen wird jedoch erst in den *Stellen- und Zielbildern* erreicht.

Da die Fortschreibung der Geschäftsverteilungspläne des BBF noch offen war, sollte zumindest die Ableitbarkeit der Stellen- und Zielbilder aus den künftigen Aufschreibungen gesichert werden:

Empfehlung 9: Bei der Anlage und Fortschreibung von Geschäftsverteilungs- und Aufgabenaufzeichnungen sollte die Systematik der Stellen- und Zielbilder berücksichtigt oder eingehalten werden.

Ein weiterer unerläßlicher Schritt in einem integrierten Managementsystem besteht in der *Institutionalisierung des Managementzyklus.* Hierunter wird eine mit den jährlichen Planungsfortschreibungen einhergehende formell einzuhaltende Folge von Führungsaktivitäten verstanden (Managementzyklus des MbO-Systems): Erfolgskontrolle und Abweichungsanalyse hinsichtlich der Vergangenheit (Stellen- und Ziel-

---
[1] Vgl. Jürgen Wild, MbO als Führungsmodell für die öffentliche Verwaltung, a.a.O.

bild) führen entweder zu institutionalen Anpassungen über Ziele, Organisation oder Mittel und/oder zu persönlichen Entwicklungsmaßnahmen. Die Festlegung für die neue Zielperiode geschieht im Wege der Zielvereinbarung. Ohne eine organisierte Verbindung von Programmhaushaltsentwicklung und mitarbeiterbezogenen Führungsformen ist keineswegs gesichert, daß einerseits sich die im Etat vorgesehenen Programmzwecke in konkreten Mitarbeiterzielen fortsetzen bzw. daß hinreichende Anreize zur Suche nach den günstigsten Verfahren ausgeübt werden oder daß andererseits Mitarbeiterziele aus übergeordneten Programmvorhaben abgeleitet werden.

Für eine solche Institutionalisierung eines Führungsprozesses böte das System des Programmhaushaltes eine günstige Voraussetzung:

Empfehlung 10: Mit der ersten Erarbeitung des Programmhaushaltes sollte im BBF beschlossen werden, einen Managementzyklus nach Art des Management by Objectives einzuführen.

Ein an sich immer unerläßlicher Gesichtspunkt — gerade in einer wachsenden und sich verändernden Institution — besteht in der Entwicklung des vorhandenen und des neu eintretenden Personals. Wegen der Besonderheit der Aufgabenstellung des BBF und den bisher unzureichenden Leistungsanreizen des öffentlichen Dienstes (nicht: absolutes Vergütungsniveau) würde hier ein erheblicher Vorlauf notwendig.

Ebenfalls aus dem ersten Ansatz des Programmbudgets sollten daher übergreifend und bereichsintern der Entwicklungsbedarf abgeleitet und ein Personalentwicklungsangebot geschaffen werden, das vor allem institutionseinheitlich in den möglichen Vergünstigungen sein sollte.

Empfehlung 11: Es sollte ein Personalentwicklungsprogramm erstmalig entworfen und fortgeschrieben werden, das für das gesamte Institut Gültigkeit haben und aus dem Forschungsprogramm abgeleitet werden sollte.

4. Weiterer Entwicklungsprozeß

Wie dargestellt sind unsere Schlußfolgerungen und Empfehlungen in ein Organisationsentwicklungsprojekt eingegangen, das von der Projektgruppe Regierungs- und Verwaltungsreform bis zum Ende ihres Auftrages im Jahre 1975 durchgeführt wurde.

Diese Arbeiten leiteten auf institutsinterne Entwicklungsprozesse über: Der ehemalige Hauptausschuß wählte einen Unterausschuß, in dem unter anderem der organisatorische Rahmen des Instituts erörtert wurde. Die für Forschungsplanung zuständige Institutsstelle bereitete einen ersten Programmhaushalt für das Institut vor.

Beide internen Entwicklungen wurden extern durch die Gesetzgebungsmaßnahme der Verabschiedung des Ausbildungsplatz-Förderungsgesetzes am 7. September 1976 überlagert, mit der Funktion und Organisation des ehemaligen Instituts für Berufsbildungsforschung im Rahmen einer neuen, größeren Einheit verändert und gestrafft wurden. Zur internen Organisation wurde im Frühjahr 1977 ein Satzungsentwurf erarbeitet, der zur Zeit im Genehmigungsverfahren behandelt wird.

Zusammengefaßt läßt sich eine weitgehende Übereinstimmung zwischen den Vorschlägen der Autoren und der nachfolgenden Entwicklung feststellen.

Schon aus der Beschreibung des Anschlußprojektes der PRVR als Organisationsentwicklungsprojekt zur Einführung eines Programmhaushaltes ergibt sich, daß sowohl die Priorität kooperativer Entwicklungsprozesse und organisatorischer Regelungen als auch die Entwicklungs- und Erprobungsempfehlungen eines Programmhaushaltskonzepts übernommen wurden.

Der Prozeß der Organisationsentwicklung wurde durch eine Begleitgruppe in Gang gehalten, die sich aus Vertretern der Projektgruppe Regierungs- und Verwaltungsreform und Mitarbeitern des von der Projektgruppe beschäftigten Niederländischen Pädagogischen Instituts zusammensetzte.

Als Kernzelle des von der Projektgruppe ebenfalls verfolgten partizipativen Prozesses war eine Arbeitsgruppe als Kontaktgruppe vorgesehen, die sich jedoch nicht durchsetzen ließ[2]. Stattdessen kam im Einklang mit unserer Empfehlung Nr. 1 institutsintern ein Arbeitsausschuß Koordination (AAK) zustande, der vom Hauptausschuß des Instituts autorisierte Veränderungsprozesse in Gang setzte. Die Gruppe stellte „allgemeine organisatorische Fragen der Gesamtkonzeption des Instituts und seiner Außenbeziehungen ... vorerst zurück"[3]. Daneben wurde auf der Führungsebene unter Beteiligung der Hauptabteilungsleiter eine Arbeitsgruppe gebildet, die „in einer institutspolitisch besonders bedeutsamen und institutsintern umstrittenen Frage — der möglichen Übertragung des Aufgabenbereichs „Modellversuche im beruflichen Bildungswesen" vom BMBW zum BBF eine Stellungnahme erarbeitete"[4]. Bei der Begleitung dieses Prozesses erfolgten ansatzweise

---
[2] PRVR-Bericht, S. 4 f.
[3] PRVR-Bericht, S. 8.
[4] PRVR-Bericht, S. 9.

Klärungen zur Organisation, wie sie in den GFS-Empfehlungen Nr. 2 und 3 gefordert waren.

Die praktischen Entwicklungsergebnisse sah die Projektgruppe Regierungs- und Verwaltungsreform wie dargestellt vor allem darin, daß institutsinterne Innovationsressourcen mobilisiert, institutsspezifische Problemlösungen in wichtigen Bereichen erzielt und hauptabteilungsübergreifende Arbeiten sowie eine Verbesserung der Kommunikation erreicht werden konnten. Auch die Tatsache, daß der Hauptausschuß sich aktiv mit möglichen Institutsreformen beschäftigte, wird hervorgehoben[5].

Darüber hinaus umfaßt der Abschlußbericht der Projektgruppe Regierungs- und Verwaltungsreform neben den Schilderungen des schwierigen Untersuchungsverlaufs Beratungsergebnisse und Vorschläge zu folgenden Themenfeldern:

Institutsinterne Reformarbeit
Gesamtstruktur des Instituts und
Beziehungen von Institut und Außenwelt.

Aus der *institutsinternen Reformarbeit* werden zunächst die Ergebnisse des „Arbeitsausschusses Koordinierung" wiedergegeben. Es handelt sich um folgende vier Punkte, die sogenannte „Mitwirkungskonzeption", das heißt die Mitwirkung der Mitarbeiter am Entscheidungsprozeß, den eigentlichen „Programmhaushalt" (auf den später noch näher einzugehen ist), die Bereiche „Weiterbildung einschließlich interne Kommunikation" und die Fortsetzung der Arbeit des „Arbeitsausschusses Koordinierung". Die Ergebnisse und Kommentare stehen mit unseren Feststellungen und Empfehlungen im Einklang. Unter „sonstigen Reformansätzen" werden Verbesserungen in der Direktoriumsarbeit und Vorschläge für die Arbeit der Gruppe „Koordinierung" und deren Fortbildung besprochen[6].

Die Vorschläge entsprechen in spezieller Form den Empfehlungen Nr. 10 und 11 unseres Gutachtens.

Zur *Gesamtstruktur des Instituts* werden die bereits im GFS-Gutachten ermittelten Mängel bestätigt. Die Matrix-Organisation wird ebenso wie die Dezentralisierung von Querschnittsfunktionen oder die Neueinteilung der Forschungsgebiete abgelehnt. Befürwortet wird eine Ordnung der Institutsaktivitäten „nach der inneren und äußeren Struktur der Beruflichen Bildung"[7]. Es werden fünf Forschungsbereiche

---

[5] PRVR-Bericht, S. 14.
[6] PRVR-Bericht, S. 25 ff.
[7] PRVR-Bericht, S. 33 f.

detailliert beschrieben, für die generell auch eine neue Aufgabengliederung in vertikaler Hinsicht empfohlen wird (flexible Basisorganisation)[8]. Dabei wird darauf verwiesen, daß eine genaue Aufgabenanalyse als Entscheidungsgrundlage im Detail erfolgen müsse, worin sich — im Zusammenhang mit den später ausgesprochenen Empfehlungen zur Personalwirtschaft — ein Zusammenhang zu unserer Empfehlung Nr. 9 erkennen läßt. Die zentralen Dienste sollten in vier Zentralbereiche gegliedert werden. Die Arbeit dieser Bereiche wird detailliert beschrieben. Für die Aufgabe „Erstellung des Programmhaushalts" wird ein spezielles Referat in diesem Bereich vorgeschlagen. Bei der Besprechung der Arbeiten der Bereiche „Verwaltung", „Personal" und „Haushalt" werden Umdenkungsprozesse im Haushaltsbereich angeregt und die Empfehlungen unseres Gutachtens zu einer systematischen Personalentwicklung (vgl. Empfehlung Nr. 11) wiederholt[9].

Als organisatorische Verbesserung im Präsidialbereich wird ein persönlicher Referent vorgeschlagen.

Im Zusammenhang mit den organisatorischen Überlegungen erfolgen zentrale Aussagen zur Funktion des BBF aus der Sicht der Projektgruppe, auf die wir im Kapitel VI. noch eingehen werden. Diese Funktionssicht entspricht dem in dieser Studie auf Seite 91 f. behandelten Konzept der Organisation.

In den *Außenbeziehungen des Instituts* sieht die Projektgruppe entsprechend unseren Feststellungen Mängel. Sie empfiehlt die systematische Kontaktpflege zur wissenschaftlichen und politischen Institutsumwelt und die stärkere Einbeziehung der Fachöffentlichkeit in die Institutsarbeit unter anderem durch einen wissenschaftlichen Beirat[10].

Zum Verhältnis zwischen Institut und Ministerium werden entsprechend unserer Empfehlung Nr. 3 eine Reihe von Verbesserungsvorschlägen gemacht. Im Verhältnis zum Hauptausschuß wird eine präzisere Aufgabenteilung unter Stärkung der institutsinternen Entscheidungsprozesse und der Koordination durch den Präsidenten empfohlen[11]. Für den Hauptausschuß werden Aufgaben bei der Programmhaushaltsaufstellung vorgeschlagen, in deren Folge auch eine Neugliederung der Unterausschüsse gefordert wird. Der Forschungs- und Haushaltsausschuß sollte in ferner Zukunft in einem Programmhaushaltsausschuß zusammengefaßt werden[12]. Die Vorschläge insgesamt würden zu einer Vielzahl an Untergliederungen des Hauptausschusses führen.

---
[8] Vgl. PRVR-Bericht, S. 44.
[9] Vgl. PRVR-Bericht, S. 54 f.
[10] Vgl. PRVR-Bericht, S. 60 f.
[11] PRVR-Bericht, S. 67.
[12] PRVR-Bericht, S. 69.

Ein spezieller Unterausschuß unter diesen wird für die permanente Weiterentwicklung der Institutsorganisation angeregt[13], so daß die Organisationsentwicklung in einen permanenten Prozeß übergeht. Dem *Programmhaushalt* wendet sich der Bericht nur in geringem Umfange zu. Wie angegeben entschied sich auch die Projektgruppe Regierungs- und Verwaltungsreform für die Empfehlung eines Entwicklungsprozesses (vgl. entsprechende GFS-Empfehlungen Nr. 4 und Nr. 6). Es wurde jedoch von der PRVR — und dies trotz des grundlegenden Plans einer für notwendig gehaltenen Organisationsentwicklung[14] — ein Novum darin gesehen, daß man den Programmhaushalt „von den vorgefundenen organisatorischen ... Gegebenheiten ... zu entwickeln suchte"[15]. De facto ergab sich eine Befolgung unserer Vorschläge durch die Schaffung einer speziellen Untergruppe zur Entwicklung des Programmhaushaltes (vgl. GFS-Empfehlung Nr. 6). Diese Gruppe hat einen internen Konzeptvorschlag und einen Einführungsplan erarbeitet, nach dem 1976 „die für den Programmhaushalt vorgesehenen Übersichtsblätter über die hauptsächlichsten Ziele und Arbeitsschwerpunkte des Instituts erarbeitet..."[16] werden sollten. Nach den Vorschlägen der Begleitgruppe sollte für 1978 ein Programmhaushalt vorgelegt und ab 1979 „sollte daran gedacht werden, über den Zweck der Öffentlichkeitsarbeit hinaus den Programmhaushalt stufenweise zu einem Werkzeug der besseren forschungspolitischen Argumentation und fachlichen Orientierung in der Haushaltsdiskussion voll auszubauen"[17].

Es läßt sich also feststellen, daß die Projektgruppe Regierungs- und Verwaltungsreform letztlich auch einen Programmhaushalt empfiehlt, der in den Managementprozeß des BBF integriert ist und daß die für seine sinnvolle Verwendung erforderlichen organisatorischen Verbesserungen eingeleitet bzw. gefordert werden.

Im übrigen läßt sich aus den weiteren faktischen Entwicklungen schließen, daß die Richtung der ursprünglichen Empfehlungen beibehalten wurde.

5. Entwicklungsergebnisse nach 3 Jahren

Mit der neuen gesetzlichen Regelung, der Erarbeitung einer neuen Satzung — auch für das damalige Institut für Berufsbildungsforschung — und mit der Fertigstellung eines ersten Programmbudgets sind bedeutende praktische Veränderungen eingetreten.

---

[13] PRVR-Bericht, S. 73.
[14] PRVR-Bericht, S. 2.
[15] PRVR-Bericht, S. 19.
[16] PRVR-Bericht, S. 22.
[17] PRVR-Bericht, S. 23.

V. Empfehlungen der Autoren und weitere Entwicklung

Durch die neue Rechtsform des Bundesinstituts für Berufsbildung wird zunächst erreicht, daß der Bundesminister für Bildung und Wissenschaft eindeutige Weisungsrechte erhält. Zusammen mit den wahren gesetzlichen Zielvorgaben sind damit Voraussetzungen für eine stärkere Integration der Institutsarbeit auf abgestimmte Oberziele gegeben.

In den Organen des neuen Instituts wird mit einem Unterausschuß des Hauptausschusses die organisatorische Voraussetzung für die Koordination der Ziele der Bundesländer in der Berufsbildung geschaffen.

Abweichend von Festlegungen des früheren Berufsbildungsgesetzes wird im Ausbildungsplatz-Förderungsgesetz zur inneren Organisation auf die Satzung verwiesen, die das Institutsorgan „Hauptausschuß" mit 4/5tel Mehrheit beschließt. Die Genehmigungsklausel des Bundesministers für Bildung und Wissenschaft stellt jedoch für die Einflußmöglichkeiten des Ministeriums eine außerordentlich starke Kompetenz dar. Da in dieser Satzung auch die Kompetenz der Organisation des Bundesinstituts für Berufsbildung geregelt werden mußte, ist es verständlich, daß hierüber ein Interessenkonflikt auftrat, über den Hermann Schmidt als ehemaliger Vertreter des Bundesministers für Bildung und Wissenschaft im alten BBF und als erster Generalsekretär des neuen BIBB berichtet: „Beim Abstecken der Entscheidungsrechte gegenüber der Bundesregierung gab es im Hauptausschuß schnell eine Allianz zwischen den ‚Bänken' der Gewerkschaften, der Arbeitgeber und der Länder gegen den Bund. Diese Mehrheit des Hauptausschusses wünschte, daß der Generalsekretär die Organisation des Instituts nur im Einvernehmen mit dem Hauptausschuß vornehmen kann[18]."

Dieser Satzungsentwurf wurde dann vom Bundesminister für Bildung und Wissenschaft nicht genehmigt[19]. „Man einigte sich schließlich auf eine einvernehmliche Regelung der organisatorischen Grobstruktur des Instituts: Die Gliederung des Bundesinstituts in sechs Hauptabteilungen und eine Verwaltungsabteilung sowie die dem Generalsekretär unmittelbar zugeordneten Organisationseinheiten und ihre Aufgabenbereiche werden vom Generalsekretär im Einvernehmen mit dem Hauptausschuß festgelegt. Der Organisationsplan wird vom Generalsekretär im Benehmen mit dem Hauptausschuß aufgestellt. Die Satzung wurde am 26. 5. 1977 vom Hauptausschuß verabschiedet und vom BMBW genehmigt[20]."

---

[18] Hermann Schmidt, Vom Bundesinstitut für Berufsbildungsforschung (BBF) zum Bundesinstitut für Berufsbildung (BIBB) in: Berufsbildung in Wissenschaft und Praxis, Heft 3, Juni 1977, S. 4.
[19] Rolf Raddatz, Der Hauptausschuß des Bundesinstituts — Probleme — Risiken — Chancen —, in: Berufsbildung in Wissenschaft und Praxis, Heft 3, Juni 1977, S. 9.
[20] Hermann Schmidt, a.a.O., S. 4.

V. Empfehlungen der Autoren und weitere Entwicklung

Zur faktischen Entwicklung der Organisation ergibt sich folgendes Bild: Die Hauptabteilungen des ehemaligen Bundesinstituts für Berufsbildungsforschung bestehen in alter Form unter einer Leitungsinstanz, die dem Generalsekretär wiederum unterstellt ist: „Das seit 1970 bestehende Bundesinstitut für Berufsbildungsforschung und die neugeschaffenen Bereiche Finanzierung, Planung und Statistik bilden nun das Bundesinstitut für Berufsbildung, das seinen Sitz in Berlin und Bonn hat[21]." Daß mit der organisatorischen Änderung eine nicht unerhebliche Veränderung der Größe des Instituts eingetreten ist, zeigt der Vergleich der Stellenpläne im Bundeshaushaltsplan 1974 und 1977 sowie ein Vergleich der Gesamtmittel[22]:

Tabelle 4
Vergleich der Stellen und Etatansätze des Bundesinstituts 1974 - 1977

Haushalts-titel	Bezeichnung	Jahr	DM Soll i. TDM	Stellen-Soll
68 550	BBF	1974	14 100	300
68 511 - 155	BIBB	1977	23 429	373

Hinsichtlich des Instruments des Programmhaushalts deutet bereits § 14 (2) 4 darauf hin, daß ein institutsübergreifendes Programm nach dem Ausbildungsplatzförderungsgesetz nicht aufgestellt werden muß.

Wohl aber wird für den forschenden Bereich des Instituts ein solches Programm nötig. Gleichzeitig werden aber wesentliche Arbeitsgebiete des alten Bundesinstituts für Berufsbildungsforschung (Betreuung von Modellversuchen, Förderung der Bildungstechnologie) im neuen Gesetz *neben* der Berufsbildungsforschung aufgeführt.

Andererseits ist im gesamten Aufgabenbereich des ehemaligen Bundesinstituts für Berufsbildungsforschung im Frühjahr 1977 ein erster Programmhaushalt erarbeitet worden, der die Aktivitäten der fünf Hauptabteilungen nach Programmen gliedert und ihnen mehrjährig und jährliche Ausgaben zuordnet.

Dieser Programmhaushalt dient in erster Linie der Transparenz der Forschungsarbeit gegenüber den die Berufsbildung tragenden öffentlichen und privaten Institutionen. Der interne Entwurf ist daher nicht primär als ein Managementinstrument für die Institutsführung gedacht.

---

[21] Hermann Schmidt, a.a.O., S. 1.
[22] Vgl. Bundeshaushaltspläne für die Haushaltsjahre 1974 und 1977, Einzelpläne 31, S. 2919 ff. für 1974 und S. 2921 ff. für 1977. DM-Angaben ohne Investitionen.

Im Außenverhältnis kann er jedoch für eine straffe Führung des Bundesinstituts benutzt werden, denn er erfordert durch die Genehmigungspflicht des Ministeriums primär externe Abstimmungsprozesse.

Da die Verfasser des Programmhaushalts diesen auch nur als einen ersten Schritt einer längeren Entwicklung ansehen, ist ein Ausbau dieses Instruments für Zwecke des internen Managements mit dieser Entwicklung jedoch nicht ausgeschlossen.

VI. Kapitel

Methodische und praktische Konsequenzen

Wir haben mit dieser Veröffentlichung vor allem die Ziele verfolgt, über *empirische Entwicklungsprozesse* zur Verwendung des Programmhaushalts anhand eines Beispieles zu berichten und dabei außerdem Fragen der sinnvollen *Methodik* von Systementwicklungsprozessen zu erörtern.

Bezüglich des Programmhaushalts konnten wir feststellen, daß die in früheren Zeiten oft generell gegebenen Einführungsempfehlungen sich nicht für alle Institutionen in dieser Weise aufrecht erhalten lassen. Außerdem wurde ein Überblick über die Vielzahl möglicher Varianten des Konzeptes „Programmhaushalt" gegeben. Als entscheidende Schlußfolgerung in bezug auf die Anwendung des Programmhaushalts in dem hier untersuchten Forschungsinstitut kann gelten, daß der Programmhaushalt sich dann voll nützlich erweisen wird, wenn er zur Erfüllung der Funktionen des Instituts mit seinen integrierenden und koordinierenden Wirkungen tatsächlich einen Beitrag leisten kann, das heißt, wenn diese Zielsetzungen bezüglich der Gesamtorganisation tatsächlich verfolgt werden.

Der im BBF zu beobachtende Entwicklungsprozeß zeigt unseres Erachtens exemplarisch, welche Schwierigkeiten sich ergeben müssen, wenn die Voraussetzungen zur sinnvollen Verwendung des Programmhaushalts noch nicht vorliegen oder aber über die Funktion und Arbeitsweise einer Institution nicht die für komplizierte Instrumente erforderliche Abstimmung besteht.

Was Entwicklungsprozesse sowie Auswahl- und Anwendungsempfehlungen im engeren Sinne anbelangt, so scheint es — betrachtet man die sehr weitgehend übereinstimmenden Untersuchungen der GfS und der PRVR — möglich zu sein, daß an sich deckungsgleiche Ergebnisse aus optischen Gründen unterschiedlich erklärt werden müssen.

Hinsichtlich des zweiten Punktes — der *Methodik* von Systemanalyse und Systementwicklung — erlaubt die Untersuchung konkretere Aussagen zu den offensichtlichen Differenzen zwischen den Ergebniserwartungen bei Verwendung des partizipativen Ansatzes und den tatsächlichen Ergebnissen im Beratungsprozeß.

VI. Methodische und praktische Konsequenzen

Die Autoren wollen zunächst für sich in Anspruch nehmen, daß sie innerhalb des ihnen vor Ort zur Verfügung stehenden Zeitraumes von 22 Arbeitstagen auf der Basis ihrer bereits vorhandenen Untersuchungserfahrungen allein aufgrund des partizipativen Ansatzes in der Lage waren, die sich nachträglich bestätigenden Untersuchungsergebnisse zu liefern.

Andererseits muß die Tatsache zu denken geben, daß die finanzierenden Stellen keine Probleme für den Entwicklungsprozeß darin zu sehen schienen, daß die Berater in diesem Prozeß mehrfach hintereinander wechselten. Nach den vorausgegangenen Tätigkeiten des Bundesrechnungshofs und der Gesellschaft für Systementwicklung wurden mit der Projektgruppe Regierungs- und Verwaltungsreform und dem von ihr beschäftigten Niederländischen Pädagogischen Institut die weiterführenden Arbeiten übernommen. Jede Gruppe mußte praktisch die gleichen Einarbeitungsfragen stellen und Durchsetzungsprobleme bei den Betroffenen klären. Damit beantwortet sich auch zum Teil die Frage nach den Schwierigkeiten, auf die die Projektgruppe Regierungs- und Verwaltungsreform gestoßen ist. Auch die erheblichen zeitlichen Verzögerungen, die der Entwicklungsprozeß im Vergleich zu anderen öffentlichen und privaten Veränderungen zeigt, können partiell mit dem Gutachterwechsel erklärt werden.

Was die Diskussion um zweckmäßige Formen der Beratung anbelangt, so bestärken die gemachten Erfahrungen in der Kooperation mit externen und internen Betroffenen die Autoren in ihrer Ansicht, daß die Arbeitsverhältnisse im Beratungssektor sozial schwierig und störungsanfällig sind und deshalb ein Maximum an wechselseitiger Rücksichtnahme und an Sicherungsarbeit für diese Vorgänge zu fordern ist[1].

In den beschriebenen Entwicklungs- und Abstimmungsprozessen ist in verschiedener Form auch gegen die Forderung nach Partizipation der Betroffenen verstoßen worden, nach der diese strukturelle Veränderungen selbst erkennen und mitbetreiben sollen. Initiierungs-, Beurteilungs- und Weiterführungsentscheidungen in dem Untersuchungsprozeß sind nur partiell durch das Institut getragen worden. Dies gilt insbesondere für die in ihren Kompetenzen hauptsächlich betroffenen Partner — nämlich den Präsidenten des damaligen Instituts für Berufsbildungsforschung mit den Zentralbereichen und den steuernden Hauptausschuß.

In der technischen Abwicklung des Entwicklungsprozesses im Untersuchungsbereich ist der aus der Auftrags- und Vertragsgestaltung fol-

---

[1] Vgl. Andreas Jentzsch: Systemanalyse — Mittel unternehmerischer Zukunftsgestaltung?, in: Plus, Heft 11, 1971.

VI. Methodische und praktische Konsequenzen

gende Zeitdruck als problematischer Faktor festzuhalten. Die mehr als vierjährige Dauer des Entwicklungsprozesses rechtfertigt die faktisch eingetretenen Diskontinuitäten im nachhinein nicht.

Aus den verschiedenen kritischen Hinweisen zum Untersuchungsverlauf ließe sich nun die Schlußfolgerung stützen, daß der partizipative Ansatz mit den vielfältigen Möglichkeiten der Intervention Dritter, die sowohl aus den vorgesehenen Rücksichtnahmen bei der Meinungsbildung als auch aus der weitgehenden Öffentlichkeit der Problembeurteilung und SOLL-Konzeptionsentwicklung resultieren, letztlich zwangsweise dazu führen müßte, daß ein derartiger Prozeß nur bedingt zu Ergebnissen kommt. Die Konsequenz wäre eine starke Berücksichtigung solcher methodischer Ansätze, die durch die Nutzung der angenommenen oder vorhandenen Machtstruktur dem Entwicklungsprozeß schneller zu klaren Ergebnissen verhelfen. Zumindest in bezug auf unseren Untersuchungsgegenstand und letztlich im Hinblick auf zu entwickelnde soziale Systeme allgemein kann dieser These nicht zugestimmt werden. Da in einer freiheitlich-demokratischen Grundordnung vielfältige Möglichkeiten der Korrektur zentraler Entscheidungen bestehen und das Ausmaß der Spezialisierung in der Arbeitsteilung auch individuelle Durchsetzungszwänge begrenzen, bleibt das Erfordernis der Mitwirkung der Betroffenen für alle langfristigen Veränderungsbestrebungen unverzichtbar. Auch wenn kurzfristig — selbst über mehrere Jahre hinweg — zentrale Entscheidungsergebnisse durchgesetzt werden, muß anderenfalls mit ihrer späteren Korrektur gerechnet werden.

Besonders unter dem Gesichtspunkt der erheblichen Verbesserungsmöglichkeiten in der Gestaltung des hier behandelten Entwicklungsprozesses kann zusammengefaßt geschlossen werden, daß der partizipative Ansatz sich durch die Untersuchungsergebnisse eher bestätigt hat, daß es aber zu seiner voll wirksamen Anwendung der strengeren Berücksichtigung der erforderlichen organisatorischen und technischen Voraussetzungen bedarf.

Literaturverzeichnis

Baetge, J.: Betriebswirtschaftliche Systemtheorie, Opladen 1964.

Banner, G.: Ziel- und ergebnisorientierte Führung in der Kommunalverwaltung — Erfahrungen mit „Management by Objectives" in Duisburg, in: Archiv für Kommunalwissenschaften, 14. Jg. 1975, 1. Halbjahresband, S. 22 ff.

— Zielsystem, Gesamtplanung und Management by Objectives in der Kommunalverwaltung, in: Organisation und Effizienz der öffentlichen Verwaltung, Beiträge zu einem Symposium, Köln/Eindhoven 1976, S. 105 ff.

Bartels, H.: Die Leistungen des öffentlichen Dienstes im Spiegel staatlicher Zahlenwerke, in: Öffentlicher Dienst und Gesellschaft — eine Leistungsbilanz, Godesberger Taschenbücher, Band 11, Bonn-Bad Godesberg 1974, S. 97 ff. bzw. S. 115 ff.

Becker, U. und *Thieme,* W.: Handbuch der Verwaltung, Köln 1976.

Bendixen, P. und *Kemmler,* H. W.: Planung, Organisation und Methodik innovativer Entscheidungsprozesse, Berlin, New York 1972.

Bennis, W. G.: Theory and method in applying behavioral science to planned organizational change, in: W. G. Bennis, K. D. Benne und R. Chin, a.a.O., S. 62 ff.

Bennis, W. G., *Benne,* K. D. und *Chin,* R.: The Planning of Change, second edition, London usw. 1969.

Berufsbildungsgesetz (BBiG vom 14. 8. 1969 [Bundesgesetzblatt I, S. 1112]), geändert durch das Gesetz zur Änderung des Berufsbildungsgesetzes vom 1. 3. 1971 (BGBl. I, S. 185).

Bierfelder, W. (Hrsg.): Handwörterbuch des öffentlichen Dienstes, Das Personalwesen, Berlin 1976.

Blake, R. R., *Mouton,* J. S.: Verhaltenspsychologie im Betrieb, Düsseldorf und Wien 1968.

Bleicher, K.: Zur Organisation von Leitung und Führung in der Verwaltung, in: W. Michalsky (Hrsg.), Leistungsfähigkeit und Wirtschaftlichkeit in der öffentlichen Verwaltung, Hamburg 1970.

— (Hrsg.): Organisation als System, Wiesbaden 1972.

Böhret, C.: Entscheidungshilfen für die Regierung, Opladen 1970.

Böhret, C. und *Junkers,* M.-Th.: Führungskonzepte für die öffentliche Verwaltung, Band 55 der Schriften des Deutschen Instituts für Urbanistik, Stuttgart etc. 1976.

Böttcher, S.: „Führen durch Ziele" und die öffentliche Verwaltung, in: Verwaltung und Fortbildung, Heft 1, 1974, S. 31 ff.

Brümmerhoff, D.: Das „Planning-Programming-Budgeting System", in: Finanzarchiv, Bd. 29/1, Februar 1970.

Bundesakademie für öffentliche Verwaltung, Handlungsvorschläge für eine ziel- und ergebnisorientierte Führung (ZEF), unveröffentlichtes Manuskript, Bonn 1975.

Bundesinstitut für Berufsbildungsforschung Berlin: Jahresbericht 1973 in der Fassung der Vorlage vom 15. 5. 1974.

Bundesminister für Forschung und Technologie (Hrsg.): Fünfter Forschungsbericht der Bundesregierung, Bonn 1975.

Bundesrechnungshof (Hrsg.): Prüfungsmitteilungen über die Prüfung der Haushalts- und Wirtschaftsführung des Bundesinstituts für Berufsbildungsforschung (BBF) in Berlin in den Rechnungsjahren 1970 bis 1972 (Az.: V 1 - 3102 [1970 - 72]), Frankfurt 1973.

Burns, T., *Stalker*, G. M.: The Management of Innovation, 2. Auflage, London 1966.

Chin, R. und *Benne*, K. D.: General Strategies for Effecting Changes in Human Systems, in: W. G. Bennis, K. D. Benne und R. Chin, a.a.O., S. 32 ff.

Churchman, C. W. und *Schainblatt*, A. H.: PPB: How can it be implemented? in: Public Administration Review, 1969, S. 178 ff.

Cyert, R. M. und *March*, J. G.: Behavioral Theory of the Firm, Englewood Cliffs, N.J. 1963.

Dalton, G. W., *Lawrence*, P. R., *Greiner*, L. E. (eds.): Organizational Change and Development, Homewood 1970.

Dalton, G. W.: Influence and Organizational Change, in: Dalton, G. W., Lawrence, P. R., Greiner, L. E. (eds.), a.a.O.

Davis, J. W., jr. (ed.): Politics, Programmes, and Budgets, Englewood Cliffs 1969.

Derlien, H.-U.: Probleme des neuen Planungssystems im Bundesministerium für Ernährung, Landwirtschaft und Forsten, in: Die Verwaltung, 1975, S. 363 ff.

Eichhorn, P. und *Friedrich*, P.: Verwaltungsökonomie I, Methodologie und Management der öffentlichen Verwaltung, Baden-Baden 1977.

Ellwein, Th.: Politik und Planung, Stuttgart, Berlin, Köln 1968.

Emde, H. G.: Die Leistungen des öffentlichen Dienstes im Spiegel staatlicher Zahlenwerke, in: Öffentlicher Dienst und Gesellschaft — eine Leistungsbilanz, Godesberger Taschenbücher, Band 11, Bonn-Bad Godesberg 1974, S. 97 ff. bzw. 115 ff.

Frank, H. E.: Organization Structuring, London 1971.

Gebert, D.: Organisationsentwicklung, Stuttgart 1974.

Greiner, L. E.: Patterns of Organizational Change, in: H. E. Frank, a.a.O., S. 256 ff.

Gresser, K.: Das Planning-Programming-Budgeting-System, München-Pullach 1972.

Grochla, E. und *Wittmann*, W. (Hrsg.): Handwörterbuch der Betriebswirtschaftslehre, 4. völlig neu gestaltete Aufl., 3 Bände, Stuttgart 1975.

Grochla, E.: Organisationstheorie, in: E. Grochla und W. Wittmann (Hrsg.), a.a.O., Sp. 2895 ff.

Grochla, E., *Fuchs*, H., *Lehmann*, H. (Hrsg.): Systemtheorie und Betrieb, Sonderheft 3/1974 der Zeitschrift für betriebswirtschaftliche Forschung, Opladen 1974.

Habermas, J.: Verwissenschaftlichte Politik in demokratischer Gesellschaft, Bericht Nr. 27 der Studiengruppe für Systemforschung, Heidelberg 1963.
Haeseler, H. R. (Hrsg.): Gemeinwirtschaftliche Betriebe und öffentliche Verwaltungen, Sonderheft 5/76 der Zeitschrift für betriebswirtschaftliche Forschung, Opladen 1976.
Hansmeyer, K.-H. (Hrsg.): Das rationale Budget, Köln 1971.
Hartkopf, G. u. a.: Modernes Management im öffentlichen Dienst, am Beispiel technischer Sonderverwaltungen, Bad Godesberg 1971.
Hoffmann, E.: Entwicklung der Organisationsforschung, 2. überarb. und erweiterte Aufl., Wiesbaden 1976.
Hugger, W.: Verwaltungsadäquates Management, Speyerer Arbeitshefte Nr. 5, 1976.
Jehle, E. (Hrsg.): Systemforschung in der Betriebswirtschaftslehre, Stuttgart 1975.
Jentzsch, A.: Systemanalyse — Mittel unternehmerischer Zukunftsgestaltung?, in: Plus, Heft 11, 1971.
— Systemanalyse im Regierungsbereich und Reorganisation von Regierung und Verwaltung, in: Helmut Krauch (Hrsg.), a.a.O., S. 49 ff.
Jentzsch, A., *Wild*, J. und *Schmid*, P.: Vorstudie zum Führungsinstrumentarium der Ressortleitung, Gutachten im Auftrag der Projektgruppe Regierungs- und Verwaltungsreform, Königswinter 1971 (nicht veröffentlicht).
Jentzsch, A. und *Reinermann*, H.: Eignung des Programmhaushalts zur Verbesserung von Planung und Rechnungswesen im Bundesinstitut für Berufsbildungsforschung (BBF), Abschlußbericht der Gesellschaft für Systementwicklung, Königswinter 1974.
Jentzsch, A. und *Pfeiffer*, H.-W.: Vorschläge zu einem System der Erfolgskontrolle regionaler Wirtschaftsförderung, Berlin 1976.
Kaiser, J. H. (Hrsg.): Planung VI, Integrierte Systeme der Planung und Budgetierung, Baden-Baden 1972.
Kappler, E.: Systementwicklung, Wiesbaden 1972.
Kirkhart, U. und *Gardner*, N. (eds.): Organization Development, A Symposium, in: Public Administration Review, März/April 1974, S. 97 ff.
Kirsch, W., *Kieser*, H.-P.: Perspektiven der Benutzeradäquanz von Informationssystemen, in: Zeitschrift für Betriebswirtschaft, 1974, S. 383 ff.
Klages, H., *Schmidt*, R.-W.: Methodik der Organisationsänderung, Baden-Baden 1978.
Klein, H. K. und *Wahl*, A.: Zur „Logik" der Koordination interdependenter Entscheidungen in komplexen Organisationen, in: Kommunikation, Hefte 2 und 3, 1970, S. 53 ff. und 137 ff.
König, K.: Programmsteuerungen in komplexen politischen Systemen, in: Die Verwaltung, 1974, S. 137 ff.
Krauch, H. (Hrsg.): Systemanalyse in Regierung und Verwaltung, Freiburg 1972.
— Wege und Aufgaben der Systemforschung, in: H. Krauch, a.a.O., S. 27 ff.
Laux, E.: Verwaltungsführung und betriebliches Management, in: Demokratie und Verwaltung, Band 50 der Schriftenreihe der Hochschule Speyer, Berlin 1972, S. 537 ff.

— Zum Personalwesen der öffentlichen Verwaltung, Düsseldorf 1976.
— Führungsverhalten und Führungsstil, in: E. Laux, Zum Personalwesen der öffentlichen Verwaltung, a.a.O., S. 66 ff.

Leavitt, H. J. und *Pondy,* L. R. (eds.): Readings in Managerial Psychology, The University of Chicago Press, Chicago und London 1964.

Leavitt, H. J.: Applied organization change in industry: Structural, technological and humanistic approaches, in: James G. March (ed.), a.a.O., S. 1144 ff.

Lindblom, Ch. E.: The Intelligence of Democracy, New York 1965.

Lüder, K., *Buddäus,* D.: Effizienzorientierte Haushaltsplanung und Mittelbewirtschaftung, Göttingen 1976.

March, J. G.: Handbook of Organizations, Chicago 1965.

Michalski, W. (Hrsg.): Leistungsfähigkeit und Wirtschaftlichkeit in der öffentlichen Verwaltung, Hamburg 1970.

Naschold, F.: Funktionsanalysen im Regierungssystem, in: Helmut Krauch (Hrsg.), a.a.O., S. 97 ff.

Naschold, F. und *Väth,* W. (Hrsg.): Politische Planungssysteme, Opladen 1973.

Niskanen, W. A.: Warum brauchen wir neue Verfahren für Budgetentscheidungen? Administrative Aspekte, in: Naschold, Frieder und Väth, Walter (Hrsg.), a.a.O., S. 296 ff.

Oettle, K.: Grenzen und Möglichkeiten einer unternehmungsweisen Führung öffentlicher Betriebe, in: Hans Rühle von Lilienstern (Hrsg.), a.a.O., S. 129 ff.

Projektgruppe für Regierungs- und Verwaltungsreform beim Bundesminister des Innern: 3. Bericht zur Reform der Struktur von Bundesregierung und Bundesverwaltung, Bonn 1972.

— Schlußbericht über die Untersuchung im Bundesinstitut für Berufsbildungsforschung, Bonn 1975.

Raddatz, R.: Der Hauptausschuß des Bundesinstituts, — Probleme — Risiken — Chancen —, in: Berufsbildung in Wissenschaft und Praxis, Heft 3, Juni 1977.

Reber, G.: Personales Verhalten im Betrieb, Stuttgart 1973.

Recktenwald, H. C.: Maßstäbe für rationale Entscheidung in der Staatswirtschaft, in: Wolfgang Michalski (Hrsg.), a.a.O., S. 25 ff.

Reichard, Ch.: Managementkonzeption des öffentlichen Verwaltungsbetriebes, Berlin 1973.

Reinermann, H.: Wirtschaftlichkeitsanalysen, Heft 4.6 des Handbuchs der Verwaltung, hrsg. von Ulrich Becker und Werner Thieme, a.a.O.

— Programmbudgets in Regierung und Verwaltung, Baden-Baden 1975.
— Art. Systemanalyse, in: Wilhelm Bierfelder (Hrsg.), a.a.O., Sp. 1579 ff.
— Nutzenstiftung und Grenzen des Programmhaushalts in öffentlichen Verwaltungen, in: Herbert R. Haeseler (Hrsg.), a.a.O., S. 137 ff.
— Veränderungen im Entscheidungssystem der kanadischen Bundesbehörden, in: Die Verwaltung, 1976, S. 353 ff.
— Das „ökonomisch-administrative System" in Schweden — Beobachtungen zur Entwicklung eines Reformvorhabens, in: Die öffentliche Verwaltung, 1977, S. 725 ff.

Reinermann, H.: Interessenkonflikte bei der Systemplanung — Zu einigen Akzeptanz- und Verträglichkeitsproblemen des geplanten Wandels, in: Zeitschrift für Organisation, Heft 1, 1978, S. 15 ff.

Reinermann, H. und *Reichmann,* G.: Verwaltung und Führungskonzepte, Management by Objectives und seine Anwendungsvoraussetzungen, Bd. 70 der Schriftenreihe der Hochschule Speyer, Berlin 1978.

Rittel, H.: Bemerkungen zur Systemforschung der „Ersten und Zweiten Generation", in: Mitteilungen der Studiengruppe für Systemforschung, Heidelberg, Oktober 1971.

Rösinger, H.-M.: Grundlagen des modernen Budgetmanagements unter besonderer Berücksichtigung des Planning-Programming-Budgeting System (PPBS), Bern 1970.

Rowe, L. A. und *Boise,* W. B.: Organizational Innovation: Current Research and Evolving Concepts, in: Public Administration Review, Mai/Juni 1974, S. 284 ff.

Rühle von Lilienstern, H. (Hrsg.): Die informierte Unternehmung, Berlin 1972. 1967.

Rühli, E. und *Riedweg,* W. G.: Planungs-, Programmierungs- und Budgetierungssystem (PPBS), Bern 1971.

Rürup, B.: Die Programmfunktion des Bundeshaushaltsplanes, Berlin 1971.

— Das Planning-Programming-Budgeting System, Theorie — Praxis — Erfahrungen, in: K.-H. Hansmeyer (Hrsg.), a.a.O., S. 135 ff.

Sackman, H.: Computers, System Science and Evolving Society, New York

Senatsamt für den Verwaltungsdienst der Freien und Hansestadt Hamburg (Hrsg.): Management-Systeme, Hamburg, April 1973.

Shepard, H. A.: Patterns of Organization for Applied Research and Development, in: H. J. Leavitt und L. R. Pondy (eds.), a.a.O., S. 476 ff.

Scharpf, F. W.: Planung als politischer Prozess. Aufsätze zur Theorie der planenden Demokratie, Frankfurt/M. 1973.

Schick, A.: The Road to PPB: The Stages of Budget Reform, in: James W. Davis, jr. (ed.), a.a.O., S. 210 ff.

Schmidt, H.: Vom Bundesinstitut für Berufsbildungsforschung (BBF) zum Bundesinstitut für Berufsbildung (BIBB) in: Berufsbildung in Wissenschaft und Praxis, Heft 3, Juni 1977.

Staehle, W. H.: Organisation und Führung soziotechnischer Systeme, Stuttgart 1973.

Tansik, D. A. and *Radnor,* M.: An Organization Theory Perspective on the Development of New Organizational Functions, in: Public Administration Review, 1971, S. 644 ff.

The Executive Budget Act of 1970: Honolulu, Hawaii (Act 185, Session Laws of Hawaii 1970).

Ulrich, H.: Die Unternehmung als produktives soziales System, 2. überarbeitete Auflage, Bern und Stuttgart 1970.

Ulrich, H., *Sidler,* F.: Ein Management-Modell für die öffentliche Hand, Bern und Stuttgart 1977.

Weber, W. und *Windisch,* R.: PPBS: Neue Wege in der Planung öffentlicher Ausgaben, in: Schriften des Vereins für Socialpolitik, 1972, S. 147 - 260.

Wild, J.: MbO als Führungsmodell für die öffentliche Verwaltung, in: Die Verwaltung, 1973, S. 283 ff.
— (Hrsg.): Unternehmungsführung, Berlin 1974.
Wild, J. und *Schmid*, P.: Managementsysteme für die Verwaltung: PPBS und MbO, in: Die Verwaltung, 1973, S. 145 ff.
Wildavsky, A.: The Politics of the Budgetary Process, Boston 1964.
Witte, E.: Zu einer empirischen Theorie der Führung, in: J. Wild (Hrsg.), a.a.O., S. 181 ff.

Sachverzeichnis

Ablaufregelung 35
Abschlußbericht 29, 31, 57
Abwehrreaktion 69
Abweichungsanalyse 35, 57
ad hoc-Aufgaben 74, 78
Alternativenbewertung 17
Ansatz, partizipatorischer 13, 15, 112
Aufbauorganisation 35
Aufgabenbeschreibungen 11, 66, 103
Aufgabenkontrolle 40
Auftragsbeschreibung 18
Ausbildungsplatzförderungsgesetz 19, 22 ff., 32, 105
Ausgabeninformation 88
Autonomie der Abteilungen 73, 76

Bedarfsanalyse 35, 63
Berufsbildungsgesetz (BBiG) 11, 19 ff. 58 ff., 73
Brain Storming 18
Bundesinstitut für Berufsbildung (BiBB) 109
Bundesinstitut für Berufsbildungsforschung (BBF) 11 ff., 18 ff., 23 ff., 29 ff., 33, 36 f., 55 ff., 68 f., 72 ff., 81 ff., 97 ff., 105 ff., 112 ff.
Bundesminister für Arbeit und Sozialordnung 58
Bundesminister für Bildung und Wissenschaft 11 ff., 18 f., 32, 57 f., 73, 79 f., 93, 105, 109

Detail-Systementwürfe 17, 30, 101
Durchführungsvoraussetzungen personelle und zeitliche 98, 100, 113

Einflüsse, externe 72 ff., 79, 92
Einführungsstrategie 49 f., 108, 112
Entwicklungsergebnisse 108 ff.
Entwicklungsprojekt 12 f., 17, 29, 60 f., 101 f., 104 ff.
Entwicklungsprozeß 32, 97 ff., 101, 104 ff., 108, 112 ff.
Erfolgskontrolle 12
Ergebniserwartungen 72

Ergebniskontrolle 40
Erklärungsmodell 18
Etatkontrolle 88
Experten, externe, für Organisationsänderungen 15 f.

Fachausschüsse des BBF 21 ff., 25, 59
Finanzmittel 11
Finanzplanung 68
Finanzplanung, mittelfristige 39, 60
Finanzplanung, projektbezogene 79
Folgewirkungen von Maßnahmen 40 ff.
Forschungsprogramm 12, 30 f., 59 f., 66, 86 ff., 92 f., 104
Forschungsprogrammplanung 29 f., 59 f., 68, 86, 102
Fortbildungsmaßnahmen 31, 102
Führungsaufgaben 88
Führungsinstrumente 84
Führungskonzept 36, 93, 103
Führungsmaßnahmen 31, 102
Führungsmodell 36
Führungsprinzipien 70 ff., 77 f.
Führungsprozeß 70, 78
Funktionsanalyse 41, 72, 74, 85
Funktionsbestimmung 74 ff., 86

Generalsekretär des BBF 25, 32, 109 f.
Gesetz zur Änderung des Berufsbildungsgesetzes vom 1. 3. 1971 58
Gesetz zur Förderung des Angebots an Ausbildungsplätzen in der Berufsausbildung (Ausbildungsplatzförderungsgesetz) 19, 22 ff., 32, 105
Gesetzliche Grundlagen der Berufsbildung 11, 12 ff., 58 ff., 105, 108 f.
Gesellschaft für Systementwicklung (GFS) 11 ff., 29, 31, 101 f., 106 ff., 112 f.
Geschäftsverteilungsplan 60, 103
Grundlagenprojekt 12 f., 29, 60 f.
Grundsätze, forschungspolitische 62
Grundsatzprobleme, organisatorische 32

Gruppenarbeitsverfahren 18, 57, 69
Gruppierungsplan 39

Hauptabteilungen des BBF 28 f., 59. 66 ff., 73, 77 f., 110
Hauptausschuß des BBF 20 ff., 30 ff., 58 ff., 73, 77 ff., 87, 109
Hauptproblembereiche 30, 70 ff.
Haushalt, Aussagekraft des 39 f.
Haushalt, ergebnisorientierter 37
Haushaltsgrundsätzegesetz 38
Haushaltsplanung 29, 66
Haushaltsvoranmeldungen 66
Haushaltsunterlagen, traditionelle 46

Impacts 30, 46, 94, 100 f.
Implementierungsforschung 33
Implementierungsfragen 17 f., 33
Implementierungsphase 33, 102
Implementierungsprozeß 101
Implementierungsstrategie 55
Information 34 f., 62 ff., 67, 79 f.
Informationsbeziehungen 79
Informationslücke 39
Informations- und Entscheidungswege 61
Innovationsprozesse 33
Innovationsressourcen, interne 97 f., 106
Input 39
Institutsziele 84
Interviewtechnik 18, 69

Karriereplanung 35, 64, 67
Klima, soziales 80, 89
Kontrolle 34 f., 62 ff., 67, 80, 95
Konzeptionsphase 33
Kosteninformationen 88
Kosten-Nutzen-Vergleich 94

Leistungsanreize 35, 64, 67, 104

Machtverhältnisse, formale 91
Management 33 ff., 56 ff.
Managementfunktionen 34 ff., 50, 68, 76
Management-Informationssystem 39
Management-Instrumente 29 f., 33 ff., 47 ff., 54 ff., 61 ff., 68, 74 ff., 81 ff., 89 ff., 97 ff., 103
Managementkonzeption 36, 48 ff., 54 ff.
Managementzyklus 31, 103 f.
Management by Delegation (MbD) 48
Management by Exception (MbE) 48

Management by Objectives (MbO) 31, 36, 48 ff., 93, 103
Maßnahmen, komplementäre 30, 39, 89
Maßnahmenstrukturplan 30, 97
Matrixmanagement 44, 106
Mehrzweckhaushalt 30, 99 ff.
Mitglieder des BBF 20, 58
Mittelverwendung, programmorientierte 44, 101
Modell, pragmatisches 15
Modellexperimente 17
Modelltest 17 f.
Moderationsfunktion des externen Beraters 15 f.
Motivation 35, 62 ff., 67, 70 ff., 80

Niederländisches Pädagogisches Institut 113

Organisation des BBF 28 ff., 57 ff.
Organisationsentwicklung 13, 15, 19, 31, 104 ff., 108
Organisationsprüfung 14
Organisationsstruktur 33, 37, 44 f., 85, 91 f., 98
Organisationsübersicht 28
Organisationsuntersuchung 14, 56 ff.
Output 30, 39, 46, 74, 94, 100 f.

Partizipation 35, 75 ff., 84, 86, 93, 106, 113
performance budgeting 37
Personalausbildung 17
Personalbedarfsplan 35, 64, 67
Personalentwicklung 31, 35, 62 ff., 67, 70 ff., 80, 104, 107
planned organizational change 90
Planning-Programming-Budgeting System (PPBS) 36, 38
Planung 34 f., 62 ff., 78 f., 101
Planungssystem 35, 62 f.
Präferenzordnung 17
Präsident des BBF 21, 30, 32, 60, 66, 73, 109
Prioritätensetzung 40, 74, 87
Problemanalyse 13, 18, 62, 68 f., 81, 97
Problemerkennungsprozeß 16
Problemhypothese 17
Problemlösungsprozeß 17 f., 30 f., 96, 101
Problemlösungsvariante, dezisionistische 15
Problemlösungsvariante, partizipative 13 ff.

Problemlösungsvariante, technokratische 14
Problemnennungen 70 ff., 89
Problemsymptome 17, 56
Prognosemodelle 18
Programme 12, 42 ff., 82 f.
Programmbereiche 42 ff., 94
Programmelemente 42 ff., 87
Programmhaushalt, Eignung des 98 ff.
Programmhaushalt, Einführung des 101 f.
Programmhaushalt, Entwicklung des 60, 98 ff., 104
Programmhaushalt, Formen des 50 ff., 100 f.
Programmhaushalt, Geschichte des 37 ff.
Programmhaushalt, Methodik des 41
Programmstruktur 33, 41 ff., 52 ff., 87, 90 f., 93 f., 101
Projektbeschreibungen 66
Projekterhebungsbogen 66, 94
Projektgruppe 29
Projektgruppe Regierungs- und Verwaltungsreform (PRVR) 13, 16 f., 19, 31, 38, 105 ff., 112 f.
Projektmanagement 87
Projektorganisation 44, 77
Projektübersicht 91
Prüfkriterien 81 f., 98

Quantifizierungsproblematik 44 f.
Querschnittsaufgaben, zentrale 66, 73, 106

Rahmenbedingungen, organisatorische 19
Rahmenkonzept 30, 60, 98
Rechnungswesen 12, 37, 101
Reformen, institutsinterne 31
Reformprobleme, materielle 11

Satzung des BBF 21, 25, 59 f.
Schwerpunktprogramm 86
Situationsabhängigkeit von Managementinstrumenten 48 ff.

Situationsbeurteilung 57
Soll-Konzept 18, 114
Standardkostenrechnung 95
Stellenbeschreibung 36, 103
Stellenbilder 31, 103 f.
Strategiediskussion 17 f.
System, politisches 74 ff.
System, sozio-technisches 14, 34, 46 f., 96
Systemanalyse 14, 16 f., 41, 90
Systemanalyse, instrumentelle 14
Systemanalyse, maieutische 15
Systemanalse, partizipative 12 f., 57, 68 f., 92, 96, 105
Systemanalyse, problemorientierte 14 f.
Systementwicklung 15, 18, 34, 60, 112
Systemforschung 14 f.
Systemplanung 16 f., 19, 33 f.
Systemrealisation 18 f.

two-state-organization 75, 92

Unterlagenanalyse 18
Unterprogramm 42 ff.
Untersuchungsergebnisse 56 ff.

Verbesserungsempfehlungen für das BBF 29 ff., 97 ff., 104 ff.
Verhalten sozialer Systeme 89 f.
Voraussetzungen, organisatorische, personelle und sachliche 29, 92, 97

Wandel, geplanter 16
Wirkungsangaben 44, 46, 94

Zeitplan 35
Ziele 14
Zielanalyse 68
Zielbilder 31, 103 f.
Zielbildung 35, 62 ff., 78, 91
Zielsystem 35, 63
Zielstruktur 41, 53, 84
Zieltransparenz 82
Ziel-Mittel-Beziehungen 38, 46, 52 f., 93 f.

Hinweise auf die Verfasser

Andreas Jentzsch, geboren 1939 in Berlin, studierte in Berlin, Freiburg (Diplomkaufmann) und später in Speyer und bearbeitet seit 1964 Organisations- und Führungsprobleme privater und öffentlicher Verwaltungen. 1969 - 1970 war er Projektleiter der Systemanalyse im Bundeskanzleramt; seit 1971 Geschäftsführer der von ihm mitbegründeten GFS-Gesellschaft für Systementwicklung mbH & Co. Management KG in Königswinter.

Heinrich Reinermann, geboren 1937 in Osnabrück. 1959 Industriekaufmann nach kaufmännischer Lehre (Klöckner-Werke AG). Studium der Betriebswirtschaftslehre an den Universitäten Hamburg und Münster (Westfalen), 1964 Diplomexamen. Wissenschaftlicher Assistent am Institut für Unternehmensforschung (Operations Research) der Universität Münster; 1966 Promotion. Forschungs-Stipendiat der DFG an der Stanford University, Californien 1967/68. 1973 Habilitation (Betriebswirtschaftslehre) an der Universität Mannheim. 1973 Berufung an die Hochschule für Verwaltungswissenschaften Speyer und dort Ordentlicher Professor.

Printed by Libri Plureos GmbH
in Hamburg, Germany